스포츠 상해와 응급처치 매뉴얼

이기세 김태형 공선택 노성환 김은숙 고광철 이용완 윤지원

대경북스

스포츠상해와 응급처치 매뉴얼

1판 1쇄 인쇄 2026년 3월 10일
1판 1쇄 발행 2026년 3월 16일

발행인 김영대
펴낸 곳 대경북스
등록번호 제 1-1003호
주소 서울시 강동구 천중로42길 45(길동 379-15) 2F
전화 (02) 485-1988, 485-2586~87
팩스 (02) 485-1488
e-mail dkbookss@naver.com

ISBN 979-11-7168-145-7 93690

차 례

    스포츠는 신체를 단련하고 삶의 질을 높이는 중요한 활동이지만, 동시에 다양한 위험 요소를 내포하고 있다. 경기력 향상과 기록 경쟁, 반복 훈련과 고강도 활동이 일상화된 스포츠 현장에서는 크고 작은 상해와 응급상황이 언제든 발생할 수 있다. 이러한 위험은 스포츠의 본질적 특성에서 비롯되는 것이며, 완전히 제거하는 것은 현실적으로 불가능하다. 그러나 위험을 이해하고, 적절히 관리하며, 올바르게 대응한다면 그 결과는 충분히 달라질 수 있다.

    이 책은 스포츠상해와 응급처치를 단순한 기술 목록이나 매뉴얼로 다루지 않는다. 상해가 왜 발생하는지, 어떤 상황에서 위험이 커지는지, 그리고 현장에서 어떤 판단과 태도가 요구되는지를 체계적으로 이해하는 데 초점을 둔다. 겉으로 드러나는 외상뿐만 아니라, 내부 손상, 환경·기후 요인, 내과적 응급상황, 그리고 회복과 복귀 과정까지 폭넓게 다루며, 스포츠 현장에서 실제로 마주하게 되는 다양한 상황을 중심으로 구성하였다.

    특히 본서는 "빠른 처치"보다 "올바른 판단"의 중요성을 강조한다. 스포츠 응급상황에서 모든 문제를 현장에서 해결하려는 태도는 오히려 위험을 키울 수 있다. 언제 개입해야 하고, 언제 멈춰야 하며, 언제 전문 의료 체계로 연결해야 하는지를 구분하는 능력은 스포츠 안전 관리의 핵심 역량이다. 이러한 판단은 지식과 경험, 그리고 반복적인 교육과 훈련을 통해서만 길러질 수 있다.

또한 이 책은 선수 개인의 문제를 넘어, 지도자와 조직의 책임을 함께 다룬다. 지도자는 기술 지도자이자 안전 관리자이며, 스포츠 현장의 문화 형성에 결정적인 영향을 미치는 존재이다. 위험 요소 사전 관리, 응급대응 능력, 보호자와 기관과의 소통, 사고 기록과 보고, 그리고 안전 문화 정착은 모두 지도자의 전문성과 직결되는 영역이다. 본서는 이러한 역할을 체계적으로 정리하고, 현장에서 실천 가능한 기준으로 제시하고자 한다.

스포츠상해 관리의 마지막 장은 회복과 복귀이다. 통증이 사라졌다는 이유만으로 서두른 복귀는 재손상과 만성 문제로 이어질 수 있다. 본서는 단계적 복귀, 기능적 평가, 심리적 회복, 안전한 복귀 기준을 통해, 경기 복귀를 '끝'이 아닌 '다음 단계로의 준비'로 이해하도록 안내한다.

이 책은 선수, 지도자, 체육 전공자, 스포츠 관련 종사자 모두를 위한 안전 지침서이자 사고 예방을 위한 사고 체계의 정리이다. 스포츠 현장이 경쟁의 공간을 넘어, 사람의 건강과 생명을 존중하는 공간으로 유지되기 위해 무엇이 필요한지를 함께 고민하고자 한다. 이 책이 스포츠를 가르치고, 배우고, 운영하는 모든 이들에게 보다 안전한 판단의 기준이 되기를 바란다.

차 례

Part 01. 스포츠상해의 개념

Part 02. 스포츠상해 교육의 필요성

Part 03. 스포츠상해의 발생 원인

Part 08.응급상황 대응 절차

Part 09. 응급처치의 법적·윤리적 기준

Part 10. 기본 생명 유지(BLS)

Part 11. 심폐소생술(CPR)

Part 12. 자동심장충격기(AED)

Part 13. 연부조직 손상

Part 14. 골·관절 손상

Part 15. 두부·척추 손상

Part 16. 출혈과 상처 관리

Part 17. 환경·기후 관련 손상

Part 18. 내과적 응급 상황

Part 19. 기타 스포츠 외상

Part 20. 구기 종목의 스포츠상해

Part 21. 무도·격투 종목의 스포츠상해

스포츠상해의 개념

이 장에서는 스포츠 활동 중 발생하는 상해의 개념과 특성을 이해하고, 급성 상해와 만성 상해의 차이를 구분하며, 스포츠 활동이 지니는 상해 위험 요인을 체계적으로 살펴본다. 이를 통해 스포츠상해가 단순한 사고가 아니라 예방과 관리가 가능한 문제임을 인식하고, 안전한 스포츠 활동을 위한 기본적인 관점과 대응의 기초를 학습한다.

1. 스포츠상해의 정의

스포츠상해란 스포츠 활동이나 신체활동 중 또는 그 결과로 발생하는 신체의 손상과 기능적 장애를 의미한다. 이는 단순히 경기 중 발생하는 외상만을 의미하지 않으며, 훈련 과정에서 반복적으로 누적되는 미세 손상, 과도한 사용으로 인한 기능 저하, 그리고 신체 회복이 충분하지 않은 상태에서 지속된 운동으로 인한 문제까지 모두 포함하는 포괄적 개념이다.

일반적으로 스포츠상해는 외부의 강한 충격에 의해 갑작스럽게 발생하는 급성 손상으로 인식되기 쉽다. 그러나 실제 스포츠 현장에서는 명확한 사고 없이 점진적으로 발생하는 통증이나 기능 저하가 더 빈번하게 나타난다. 이러한 상해는 초기에는 단순한 불편감이나 피로로 인식되어 방치되기 쉽지만, 시간이 경과함에 따라 심각한 손상으로 발전할 가능성이 높다. 따라서 스포츠상해는 단순한 신체 손상이 아니라, 운동 수행 능력의 저하와 일상생활 기능의 제한, 나아가 장기적인 건강 문제로 이어질 수 있는 중요한 문제로 이해되어야 한다.

또한 스포츠상해는 선수뿐만 아니라 일반인, 생활체육 참여자, 청소년과 노인에 이르기까지 모든 연령과 수준의 스포츠 참여자에게 발생할 수 있다. 즉, 스포츠상해는 특정 집단에 국한된 문제가 아니라, 현대 사회에서 신체활동을 하는 모든 사람에게 공통적으로 적용되는 보건·안전 문제라고 할 수 있다.

2. 스포츠상해의 특성

스포츠상해는 일반적인 사고나 일상생활 중 발생하는 손상과 구별되는 몇 가지 특징을 지닌다. 가장 중요한 특성은 운동 수행과 직접적으로 연관된다는 점이다. 스포츠 활동은 반복적 움직임, 높은 신체 부하, 빠른 속도와 강한 충돌을 동반하는 경우가 많아, 신체 조직에 지속적인 스트레스를 가한다. 이러한 환경에서는 비교적 작은 요인이라도 손상으로 이어질 가능성이 크다.

또한 스포츠상해는 예측 가능성과 예방 가능성이라는 특성을 가진다. 많은 스포츠상해는 무작위적인 사고가 아니라, 훈련 강도 조절 실패, 잘못된 기술, 준비운동 부족, 피로 누적, 보호 장비 미착용 등과 같은 요인들이 복합적으로 작용하여 발생한다. 이는 상해가 발생한 이후의 치료뿐만 아니라, 사전에 위험 요인을 관리하고 예방 전략을 수립하는 것이 매우 중요함을 의미한다.

스포츠상해의 또 다른 특징은 재발 가능성이 높다는 점이다. 충분한 회복과 재활 없이 스포츠 활동에 복귀할 경우, 이전에 손상되었던 부위는 다시 손상될 위험이 크다. 특히 근육, 인대, 힘줄과 같은 연부조직 손상은 통증이 일시적으로 감소하더라도 조직의 회복이 완전히 이루어지지 않은 상태일 수 있으며, 이로 인해 반복적인 재손상이 발생하기 쉽다.

마지막으로 스포츠상해는 신체적 손상뿐 아니라 심리적 영향도 동반한다. 상해 경험은 운동에 대한 불안감, 자신감 저하, 수행 능력에 대한 두려움을 유발할 수 있으며, 이는 회복 과정과 경기 복귀에 부정적인 영향을 미친다. 따라서 스포츠상해는 신체적 문제와 함께 심리적, 사회적 측면까지 포함하여 이해해야 할 복합적인 현상이다.

3. 급성 상해와 만성 상해

스포츠상해는 발생 양상에 따라 크게 급성 상해와 만성 상해로 구분할 수 있

급성 상해
골절
염좌
좌상

과사용 상해
건염
피로골절
활액낭염

근육·힘줄·인대 손상
근손상
힘줄손상
인대손상

관절·골격 상해
탈구
골절

신경 및 기타 손상
신경손상
기타 상해

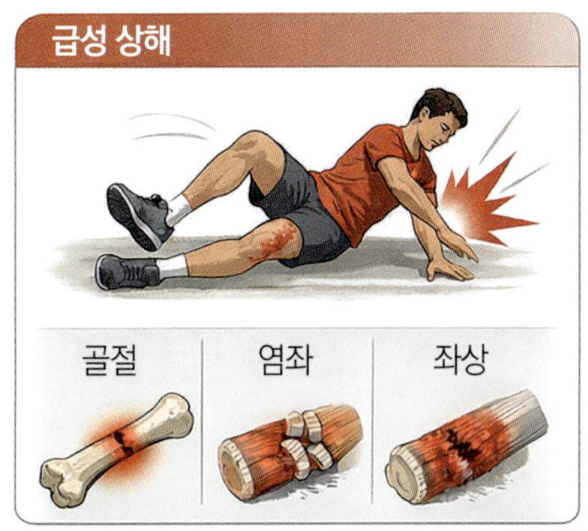

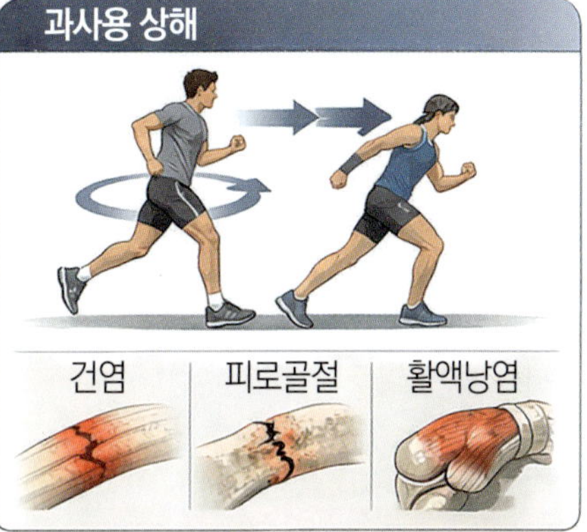

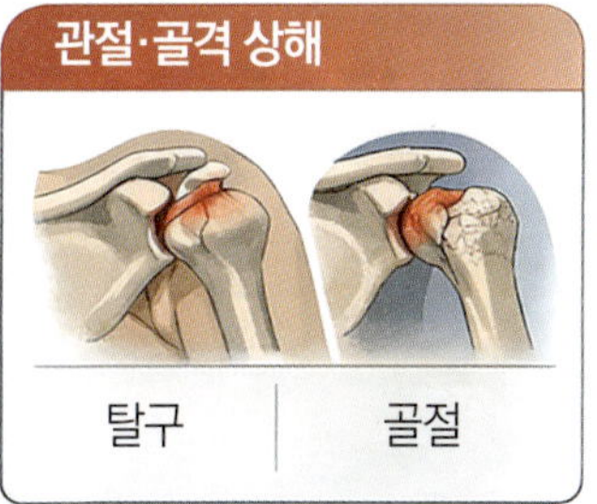

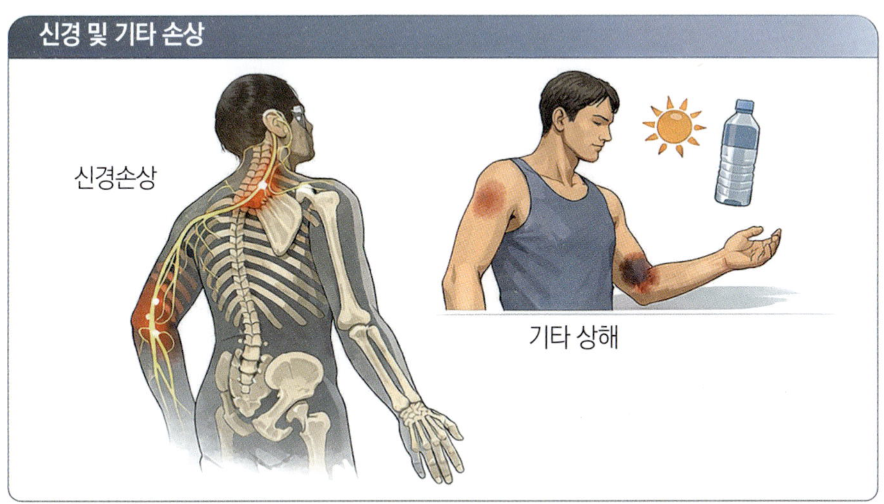

스포츠상해의 종류

다. 이 구분은 상해의 원인과 대응 방법을 이해하는 데 중요한 기준이 된다.

급성 상해는 비교적 짧은 시간 안에 갑작스럽게 발생하는 손상을 의미한다. 충돌, 낙상, 급격한 방향 전환, 과도한 힘의 작용 등과 같은 명확한 사건을 계기로 발생하는 경우가 많다. 골절, 탈구, 급성 염좌, 근육 파열, 타박상 등이 대표적인 급성 상해에 해당한다. 급성 상해는 통증과 기능 제한이 즉각적으로 나타나는 경우가 많아, 비교적 빠르게 인지되고 응급처치가 이루어질 가능성이 높다.

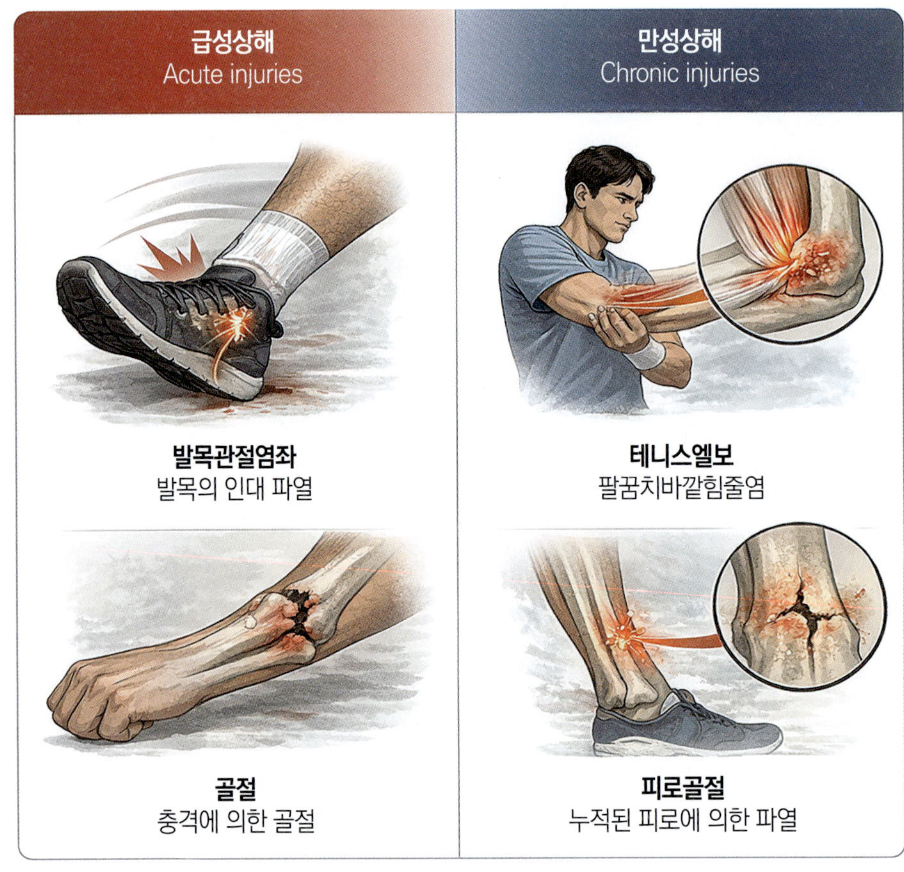

급성상해와 만성상해

반면 만성 상해는 장기간에 걸쳐 반복되는 미세 손상과 과도한 사용으로 인해 점진적으로 발생한다. 초기에는 명확한 통증이나 기능 제한이 나타나지 않거나, 운동 후 일시적인 불편감 정도로 인식되는 경우가 많다. 그러나 이러한 상태가 지속되면 염증, 조직 약화, 기능 저하로 이어져 결국 심각한 손상으로 발전할 수 있다. 대표적인 예로는 테니스 엘보, 러너스 니, 아킬레스건염, 피로 골절 등이 있다.

만성 상해의 위험성은 발견이 늦어지기 쉽고, 회복에 더 오랜 시간이 소요된다는 점에 있다. 또한 급성 상해와 달리, 단순한 휴식만으로는 충분한 회복이 이루어지지 않는 경우가 많아, 훈련 방법의 수정과 체계적인 재활이 필요하다. 따라서 스포츠 지도자와 참여자는 만성 상해의 초기 신호를 인식하고, 이를 예방·관리하는 능력을 갖추는 것이 매우 중요하다.

4. 스포츠 활동과 상해 위험

스포츠 활동은 건강 증진과 체력 향상에 긍정적인 영향을 미치지만, 동시에 일정 수준의 상해 위험을 내포하고 있다. 특히 스포츠의 유형, 강도, 빈도, 참여자의 신체적 특성에 따라 상해 위험은 크게 달라진다.

경쟁성과 속도가 강조되는 종목, 신체 접촉이 빈번한 종목, 고강도의 반복 동작을 요구하는 종목에서는 상대적으로 상해 발생률이 높게 나타난다. 또한 개인의 체력 수준이나 기술 숙련도가 스포츠 활동의 요구 수준에 미치지 못할 경우, 신체는 과도한 부담을 받게 되어 상해 위험이 증가한다.

현대 사회에서는 전문 선수뿐 아니라 일반인과 생활체육 참여자의 스포츠 상해도 중요한 문제로 대두되고 있다. 운동 경험이 부족한 상태에서 갑작스럽게 고강도 운동을 시작하거나, 단기간에 성과를 내기 위해 무리한 훈련을 반복하는 경우 상해 위험은 더욱 커진다. 특히 시간 부족, 스트레스, 피로 누적과 같은 현대인의 생활환경은 스포츠상해 발생 가능성을 더욱 높이는 요인으로 작용한다.

따라서 스포츠 활동과 상해 위험의 관계를 올바르게 이해하는 것은 매우 중요하다. 스포츠상해는 불가피한 사고가 아니라, 적절한 준비와 관리, 올바른 지도와 교육을 통해 충분히 감소시킬 수 있는 위험이다. 이 교재는 이러한 관점에서 스포츠상해의 발생 원인을 이해하고, 안전한 스포츠 활동을 위한 기초 지식과 응급대응 능력을 체계적으로 습득하는 데 목적을 둔다.

스포츠상해 교육의 필요성

이 장에서는 스포츠 활동에서 안전이 왜 중요한 가치인지 이해하고, 지도자·선수·일반 참여자가 수행해야 할 안전 책임을 살펴본다. 또한 상해 예방과 응급처치의 연계성을 통해 체계적인 안전 관리의 필요성을 인식하고, 스포츠 현장에서 안전 문화가 어떻게 형성되고 실천되어야 하는지를 학습한다.

1. 스포츠 안전의 중요성

스포츠 활동은 신체적 건강 증진과 정서적 만족, 사회적 유대 형성에 긍정적인 영향을 미치는 중요한 생활 요소이다. 그러나 스포츠는 본질적으로 신체에 일정한 부하와 위험을 동반하며, 이러한 위험을 적절히 관리하지 못할 경우 심각한 상해로 이어질 수 있다. 따라서 스포츠의 가치를 온전히 실현하기 위해서는 성취와 기록뿐만 아니라 안전이 우선적으로 고려되어야 한다.

스포츠 안전은 단순히 사고를 피하는 소극적 개념이 아니라, 참여자가 신체 활동을 지속 가능하게 수행할 수 있도록 보호하는 적극적 개념이다. 상해로 인해 스포츠 활동이 중단되거나 일상생활에까지 영향을 미치는 경우, 스포츠가 제공하는 긍정적 효과는 오히려 부정적 결과로 전환될 수 있다. 특히 청소년기와 노년기에는 상해의 영향이 장기적인 신체 발달이나 기능 저하로 이어질 가능성이 높아, 스포츠 안전의 중요성은 더욱 강조된다.

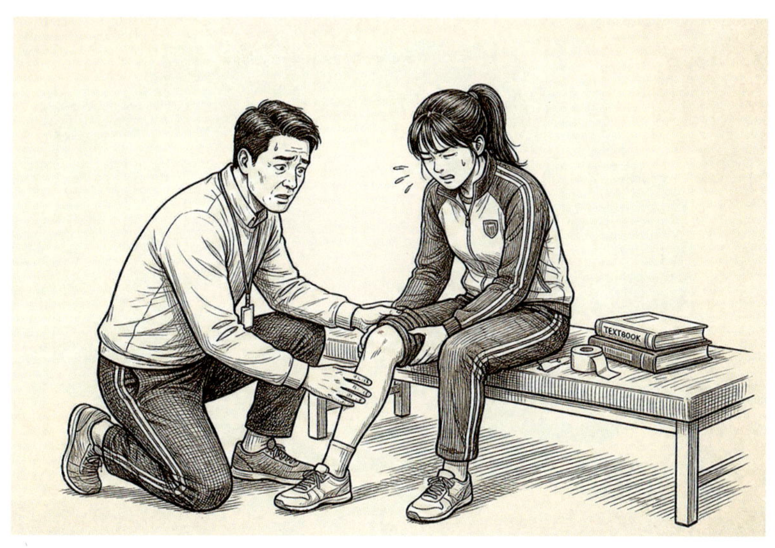

현대 스포츠 환경은 과거에 비해 전문화·고도화되었으며, 일반인 또한 높은 강도의 운동과 경쟁적 활동에 쉽게 노출되고 있다. 이러한 환경에서 스포츠 안전은 개인의 주의만으로 확보되기 어렵고, 체계적인 교육과 관리 시스템이 필수적이다. 스포츠상해 교육은 이러한 안전 확보의 출발점으로서, 상해 발생의 위험을 인식하고 이를 예방하며, 사고 발생 시 적절히 대응할 수 있는 능력을 길러주는 핵심적인 역할을 한다.

2. 지도자·선수·일반인의 역할

스포츠상해 예방과 안전 확보는 특정 개인이나 집단의 책임이 아니라, 스포츠 현장에 참여하는 모든 구성원의 공동 책임이다. 특히 지도자, 선수, 그리고 일반 스포츠 참여자는 각자의 위치에서 상해 예방과 안전 실천에 중요한 역할을 수행해야 한다.

지도자는 스포츠 현장에서 안전 관리의 중심적인 역할을 담당한다. 훈련 프로그램을 설계하고 운영하는 지도자는 참여자의 연령, 체력 수준, 기술 숙련도를 고려하여 적절한 강도와 내용을 구성해야 한다. 또한 올바른 기술 습득을 지도하고, 준비운동과 정리운동의 중요성을 강조하며, 피로 누적이나 통증을 호소하는 참여자에게 적절한 휴식과 조치를 제공할 책임이 있다. 지도자의 안전 의식과 판단은 상해 예방의 성패를 좌우하는 중요한 요소이다.

선수와 수련생 또한 수동적인 보호 대상이 아니라, 자신의 신체 상태를 인식하고 안전을 스스로 관리해야 하는 주체이다. 통증이나 불편감을 무시한 채 훈련을 지속하는 태도는 상해를 악화시키는 주요 원인 중 하나이다. 자신의 체력과 컨디션을 이해하고, 무리한 훈련을 자제하며, 지도자의 지시에 따라 안전 수

칙을 준수하는 것은 선수와 참여자가 반드시 갖추어야 할 기본적인 책임이다.

일반인은 전문 선수에 비해 스포츠상해에 대한 지식과 경험이 부족한 경우가 많아, 오히려 상해 위험에 더 쉽게 노출될 수 있다. 따라서 일반 스포츠 참여자에게는 기초적인 스포츠상해 교육과 응급처치 교육이 특히 중요하다. 이는 개인의 안전뿐만 아니라, 동료 참여자의 사고에 대응할 수 있는 사회적 안전망으로서의 역할도 수행한다.

3. 상해 예방과 응급처치의 관계

스포츠상해 교육에서 상해 예방과 응급처치는 서로 분리된 개념이 아니라, 하나의 연속적인 안전 관리 체계로 이해되어야 한다. 상해 예방은 사고 발생 가능성을 줄이기 위한 사전적 노력이며, 응급처치는 상해가 발생했을 때 피해를 최소화하기 위한 사후적 대응이다. 이 두 요소는 상호 보완적인 관계에 있다.

상해 예방에 대한 이해는 응급처치의 필요성과 중요성을 인식하는 기초가 된다. 어떤 상황에서 상해가 발생할 가능성이 높은지, 신체의 어떤 부위가 취약한지에 대한 지식은 사고 발생 시 신속하고 적절한 판단을 가능하게 한다. 반대로 응급처치에 대한 교육은 상해 예방의 중요성을 더욱 실감하게 만든다. 실제 응급 상황을 가정한 교육과 훈련은 안전 수칙 준수와 예방 행동의 필요성을 체감하게 하는 강력한 학습 효과를 가진다.

또한 적절한 응급처치는 상해의 악화를 방지하고, 회복 기간을 단축시키며, 재손상 위험을 줄이는 데 중요한 역할을 한다. 초기 대응이 미흡할 경우 비교적 경미한 손상이 장기적인 기능 장애로 이어질 수 있으며, 이는 스포츠 참여의 지속성을 크게 저해한다. 따라서 스포츠상해 교육은 예방과 응급처치를 분리하여 다루기보다는, 하나의 통합된 안전 관리 과정으로 접근해야 한다.

4. 스포츠 현장의 안전 문화

스포츠 안전은 개인의 지식과 기술만으로 완성되지 않으며, 안전 문화라는 집단적 환경 속에서 실질적인 효과를 발휘한다. 안전 문화란 조직이나 집단 내에서 안전이 중요한 가치로 공유되고, 일상적인 행동과 의사결정에 반영되는 상태를 의미한다.

스포츠 현장에서 안전 문화가 정착된 경우, 상해는 개인의 실수나 약점으로 치부되지 않고, 모두가 함께 관리해야 할 문제로 인식된다. 통증을 호소하는 선수에게 무리한 훈련을 강요하지 않고, 휴식과 회복을 존중하는 분위기, 보호 장비 착용을 당연한 규범으로 받아들이는 태도, 응급상황 발생 시 침착하게 역할을 분담하는 조직적 대응은 모두 안전 문화의 중요한 요소이다.

반대로 안전 문화가 부족한 환경에서는 상해가 빈번하게 발생하며, 사고 이후의 대응 또한 미흡해질 가능성이 높다. 성과와 경쟁을 지나치게 강조하는 분위기 속에서는 상해를 감추거나 무시하는 행동이 반복될 수 있으며, 이는 장기적으로 개인과 조직 모두에게 부정적인 결과를 초래한다.

스포츠상해 교육은 이러한 안전 문화를 형성하고 유지하는 데 핵심적인 역할을 한다. 체계적인 교육을 통해 스포츠 참여자들은 안전을 일시적인 규칙이 아니라 지속적으로 실천해야 할 가치로 인식하게 된다. 궁극적으로 스포츠 현장의 안전 문화는 스포츠 활동의 질을 높이고, 참여자의 신체적·정신적 건강을 보호하며, 스포츠가 지닌 긍정적 가치를 사회 전반으로 확산시키는 기반이 된다.

Note

스포츠상해의 발생 원인

이 장에서는 스포츠상해가 발생하는 근본적인 원인을 내적 요인과 외적 요인으로 구분하여 살펴보고, 훈련 방법과 환경·시설 조건이 상해 위험에 어떻게 영향을 미치는지를 이해한다. 이를 통해 스포츠상해가 우연이 아닌 관리 가능한 위험임을 인식하고, 예방을 위한 체계적인 접근의 필요성을 학습한다.

스포츠상해는 우연적 사고의 결과로만 발생하지 않는다. 대부분의 상해는 개인의 신체적 특성과 준비 상태, 훈련 방법, 그리고 환경적 조건이 복합적으로 작용한 결과로 나타난다. 즉, 스포츠상해의 발생 원인을 체계적으로 이해하는 것은 상해 예방과 안전 관리의 출발점이며, 지도자와 참여자 모두가 반드시 갖추어야 할 기본적인 지식이다. 이 장에서는 스포츠상해의 발생 원인을 내적 요인과 외적 요인으로 구분하고, 훈련 방법과 환경·시설 요인이 상해 발생에 미치는 영향을 구체적으로 살펴본다.

1. 내적 요인

내적 요인은 스포츠 참여자 개인의 신체적·기능적 특성과 관련된 요소로, 상해 발생의 기초적인 배경을 형성한다. 동일한 운동 환경과 훈련 조건에서도 어떤 사람은 상해를 입고, 어떤 사람은 그렇지 않은 이유는 대부분 이러한 내적 요인의 차이에서 비롯된다.

가장 중요한 내적 요인 중 하나는 체력 수준이다. 근력, 근지구력, 유연성, 심폐지구력 등이 충분히 갖추어지지 않은 상태에서 높은 강도의 스포츠 활동을 수행할 경우, 신체 조직은 과도한 스트레스를 받게 된다. 특히 근력과 유연성의 불균형은 관절과 인대, 근육에 비정상적인 부하를 유발하여 염좌나 근육 손상의 위험을 증가시킨다.

또한 신체 정렬과 기능적 특성 역시 상해 발생에 중요한 영향을 미친다. 하지의 정렬 이상, 관절 가동 범위 제한, 좌우 근력 불균형과 같은 문제는 반복적인 움직임 속에서 특정 부위에 부담을 집중시키며, 이는 만성 상해로 이어질 가능성을 높인다. 이러한 요인은 겉으로 드러나지 않는 경우가 많아, 사전 평가와 관찰 없이는 쉽게 간과된다.

피로와 회복 상태 역시 내적 요인의 핵심 요소이다. 충분한 회복 없이 훈련이 반복되면 신경계와 근육계의 조절 능력이 저하되고, 반응 속도와 움직임의 정확성이 떨어진다. 이로 인해 작은 실수가 큰 상해로 이어질 가능성이 커진다. 특히 수면 부족과 심리적 스트레스는 피로 회복을 방해하여 상해 위험을 더욱 증가시킨다.

마지막으로 과거의 상해 이력은 새로운 상해 발생의 중요한 위험 요인이다. 이전에 손상되었던 부위는 기능적 약점이 남아 있을 가능성이 크며, 적절한 재활 없이 스포츠 활동에 복귀할 경우 재손상이 발생하기 쉽다. 따라서 내적 요인은 단순히 개인의 신체 조건을 넘어, 과거 경험과 현재 상태가 축적된 결과로 이해해야 한다.

2. 외적 요인

외적 요인은 개인의 신체 상태 외에 스포츠 활동이 이루어지는 외부 조건과 관련된 요소를 의미한다. 이는 개인이 통제하기 어려운 경우도 있지만, 적절한 관리와 조정을 통해 상해 위험을 상당 부분 줄일 수 있다.

가장 대표적인 외적 요인은 스포츠 종목의 특성이다. 접촉이 빈번한 종목이나 빠른 속도와 급격한 방향 전환을 요구하는 종목에서는 충돌과 낙상으로 인한 급성 상해가 발생할 가능성이 높다. 반면 반복 동작이 많은 종목에서는 특정 부위에 지속적인 부담이 가해져 만성 상해가 빈번하게 나타난다. 이러한 종목별 특성은 상해 유형과 발생 빈도에 직접적인 영향을 미친다.

종목별 특성에 따른 상해

보호 장비의 사용 여부와 적절성 또한 중요한 외적 요인이다. 보호대, 신발, 헬멧과 같은 장비는 외부 충격을 완화하고 관절을 보호하는 역할을 한다. 그러나 장비를 착용하지 않거나, 신체에 맞지 않는 장비를 사용할 경우 오히려 상해 위험이 증가할 수 있다. 특히 마모되거나 기능이 저하된 장비는 안전을 보장하지 못한다.

외적 요인에는 지도 환경과 규칙 준수 여부도 포함된다. 규칙을 무시한 과도한 경쟁, 안전 수칙을 고려하지 않은 훈련 방식, 무리한 일정은 상해 발생 가능성을 높이는 요인으로 작용한다. 이러한 요소들은 개인의 부주의라기보다 조직과 환경 차원의 문제로 접근해야 한다.

3. 훈련 방법과 상해

훈련 방법은 스포츠상해 발생에 있어 매우 중요한 결정 요인이다. 동일한 종목과 환경에서도 훈련을 어떻게 구성하고 운영하느냐에 따라 상해 발생률은 크게 달라질 수 있다.

가장 흔한 문제는 훈련 강도와 빈도의 부적절한 설정이다. 체력 수준이나 적응 과정을 고려하지 않은 급격한 훈련 강도 증가는 신체 조직이 이를 감당하지 못하게 하여 손상을 유발한다. 특히 단기간의 성과를 목표로 무리한 훈련을 반복하는 경우, 급성 상해뿐 아니라 만성 상해의 위험이 크게 증가한다.

기술 습득 과정의 문제도 상해 발생과 밀접한 관련이 있다. 잘못된 동작 패턴이 반복될 경우, 특정 관절이나 근육에 비효율적인 부하가 지

속적으로 가해진다. 이러한 부하는 초기에는 통증으로 인식되지 않을 수 있으나, 시간이 지나면서 조직 손상으로 이어질 가능성이 높다. 따라서 정확한 기술 지도와 단계적 학습은 상해 예방의 핵심 요소이다.

또한 준비운동과 정리운동의 소홀은 훈련 방법에서 흔히 나타나는 문제 중 하나이다. 준비운동은 신체를 운동에 적합한 상태로 전환시키는 과정이며, 이를 생략하거나 부적절하게 수행할 경우 근육과 관절은 갑작스러운 부하에 노출된다. 정리운동 역시 회복과 피로 해소에 중요한 역할을 하며, 이를 무시할 경우 다음 훈련에서 상해 위험이 증가한다.

4. 환경·시설 요인

스포츠 활동이 이루어지는 환경과 시설 조건은 상해 발생에 직접적인 영향을 미치는 요소이다. 환경·시설 요인은 개인의 신체 상태나 훈련 방법과 결합되어 상해 위험을 증폭시키거나 완화시키는 역할을 한다.

기상 조건은 대표적인 환경 요인이다. 고온·다습한 환경에서는 열 관련 손상이 발생할 위험이 높아지며, 저온 환경에서는 근육과 관절의 유연성이 저하되어 손상 가능성이 증가한다. 또한 미끄러운 바닥이나 불규칙한 지면은 낙상과 관절 손상의 주요 원인이 된다.

시설의 상태와 관리 수준 역시 중요한 요인이다. 파손된 바닥, 불충분한 조명, 협소한 공간, 안전 장치의 미비는 상해 발생 가능성을 높인다. 이러한 문제는 개인의 주의만으로 해결되기 어려우며, 조직 차원의 관리와 점검이 필수적이다.

환경·시설 요인의 특징은 상해 발생 시 개인의 책임으로 전가되기 쉽다는 점

이다. 그러나 안전한 스포츠 환경을 조성하는 것은 개인이 아닌 운영자와 조직
의 책임이며, 이는 스포츠 안전 문화의 핵심 요소이기도 하다. 안전한 환경과
시설은 상해를 완전히 제거할 수는 없지만, 그 발생 빈도와 중증도를 크게 줄일
수 있다.

　스포츠상해의 발생 원인은 단일 요인이 아니라, 내적 요인과 외적 요인, 훈련
방법, 환경·시설 요인이 서로 영향을 주고받으며 형성된다. 따라서 상해 예방
을 위해서는 특정 요인만을 강조하기보다, 이러한 요소들을 종합적으로 이해
하고 관리하는 접근이 필요하다. 다음 장에서는 이러한 원인 분석을 바탕으로
스포츠상해를 체계적으로 분류하고, 각 유형의 특징을 살펴보게 된다.

스포츠상해의 분류

이 장에서는 스포츠상해를 발생 시점, 손상 조직, 손상 형태, 중증도에 따라 체계적으로 분류하는 방법을 학습한다. 이를 통해 다양한 스포츠상해의 특성을 빠르게 이해하고, 현장에서의 판단과 응급대응, 회복 및 복귀 결정에 활용할 수 있는 기본적인 기준을 익히게 된다.

스포츠상해를 효과적으로 예방하고 적절히 대응하기 위해서는 상해를 체계적으로 분류하고 이해하는 과정이 필수적이다. 상해의 분류는 단순히 학문적 구분을 위한 것이 아니라, 상해의 특성을 빠르게 파악하고 응급처치의 우선순위를 결정하며, 회복과 복귀 전략을 수립하는 데 중요한 기준이 된다. 이 장에서는 스포츠상해를 발생 시점, 손상 조직, 손상 형태, 그리고 중증도에 따라 분류하고, 각 분류가 갖는 의미를 살펴본다.

1. 발생 시점에 따른 분류

스포츠상해는 발생 시점과 경과에 따라 크게 급성 상해와 만성 상해로 구분된다. 이 구분은 상해의 원인과 진행 양상, 그리고 관리 방식에 있어 중요한 차이를 보인다.

급성 상해는 비교적 짧은 시간 내에 갑작스럽게 발생하는 손상을 의미한다. 명확한 사고나 사건을 계기로 통증과 기능 제한이 즉각적으로 나타나는 것이 특징이다. 예를 들어, 경기 중 충돌로 인한 타박상, 갑작스러운 방향 전환 중 발생한 발목 염좌, 낙상에 의한 골절이나 탈구 등이 이에 해당한다. 급성 상해는 발생 시점이 분명하고 증상이 뚜렷하기 때문에, 즉각적인 인지와 응급처치가 이루어질 가능성이 높다. 그러나 초기 대응이 부적절할 경우, 비교적 경미한 급성 상해도 장기적인 기능 장애로 이어질 수 있다.

반면 만성 상해는 장기간에 걸쳐 반복되는 미세 손상과 과도한 사용으로 인해 점진적으로 발생한다. 초기에는 통증이 미약하거나 운동 후에만 불편감이 나타나는 경우가 많아, 상해로 인식되지 않고 방치되기 쉽다. 그러나 이러한 상

발생 시점에 따른 스포츠상해의 구분

구분	급성 상해 (Acute Injury)	만성 상해 (Chronic Injury)
발생 시점	비교적 짧은 시간 내에 갑작스럽게 발생	장기간에 걸쳐 점진적으로 발생
주된 발생 원인	충돌, 낙상, 급격한 방향 전환 등 명확한 외상 사건	반복적인 미세 손상, 과사용, 잘못된 훈련 방식
손상 발생 양상	단일 사건으로 손상이 즉각 발생	누적된 부담으로 조직 손상이 서서히 진행
증상 발현 특징	통증과 기능 제한이 즉각적으로 나타남	초기에는 통증이 경미하거나 운동 후에만 불편감 발생
상해 인식 정도	발생 시점이 분명하여 즉시 인지되기 쉬움	초기에는 상해로 인식되지 않고 방치되기 쉬움
대표적인 예	타박상, 발목 염좌, 골절, 탈구	테니스 엘보, 러너스 니, 아킬레스건염, 피로 골절
초기 대응의 중요성	응급처치와 초기 관리가 예후에 큰 영향	조기 발견과 훈련 조절 여부가 손상 악화에 영향
회복 및 관리 특성	비교적 빠른 회복 가능하나 초기 대응 실패 시 만성화 가능	회복에 장시간 소요되며 훈련·생활 습관의 근본적 조정 필요
지도자·선수 관리 포인트	즉각적인 중단, 응급처치, 의료 연계	부하 관리, 반복 동작 교정, 예방 중심 관리

태가 지속되면 염증과 조직 약화가 누적되어 심각한 손상으로 발전할 수 있다. 대표적인 만성 상해로는 테니스 엘보, 러너스 니, 아킬레스건염, 피로 골절 등이 있다. 만성 상해는 회복에 오랜 시간이 소요되며, 훈련 방법과 생활습관의 근본적인 조정이 요구된다.

이와 같이 발생 시점에 따른 분류는 상해의 특성과 관리 전략을 이해하는 데 기본적인 틀을 제공한다.

2. 손상 조직에 따른 분류

스포츠상해는 손상이 발생한 조직의 종류에 따라 분류할 수 있으며, 이는 상해의 증상과 회복 과정, 응급처치 방법을 결정하는 중요한 기준이 된다.

가장 흔한 손상 조직은 근육이다. 근육 손상은 과도한 수축이나 급격한 신장, 반복적인 사용으로 인해 발생하며, 통증과 근력 저하, 움직임 제한을 동반한다. 근육 손상은 비교적 회복이 빠른 경우도 많지만, 적절한 휴식과 관리가 이루어지지 않으면 재손상이 반복될 수 있다.

인대 손상은 관절의 안정성을 유지하는 인대가 늘어나거나 파열되는 경우를 의미한다. 인대 손상은 관절의 불안정성을 유발하며, 특히 발목과 무릎에서 빈번하게 발생한다. 초기에는 통증과 부종이 나타나며, 회복 과정이 길어질 경우 관절 기능에 지속적인 영향을 미칠 수 있다.

힘줄 손상은 근육과 뼈를 연결하는 힘줄에 발생하는 손상으로, 반복적인 사용이나 과도한 부하가 주요 원인이다. 힘줄 손상은 만성화되기 쉬우며, 통증이

손상 조직에 따른 스포츠상해의 분류

손상 조직	정의 및 발생 원인	주요 증상 및 특징	회복 및 관리상의 특징
근육 손상	과도한 근수축, 급격한 신장, 반복적 사용으로 근섬유가 손상됨	통증, 근력 저하, 움직임 제한, 압통	비교적 회복이 빠른 편이나 불충분한 휴식 시 재손상 위험 높음
인대 손상	관절 안정성을 담당하는 인대가 늘어나거나 파열됨	통증, 부종, 관절 불안정성	회복 기간이 길 수 있으며, 관절 기능 저하로 이어질 가능성 있음
힘줄 손상	근육과 뼈를 연결하는 힘줄에 반복적 부하나 과사용으로 발생	지속적인 통증, 운동 수행 능력 저하	만성화되기 쉬워 장기적인 관리와 부하 조절 필요
골 손상	외부 충격 또는 반복적 미세 충격으로 뼈에 손상이 발생	국소 통증, 압통, 체중 부하 시 통증 증가	회복 기간이 길며 고정과 의료적 처치가 필수적
관절 손상	관절 구조(연골, 관절낭 등)에 손상이 발생	통증, 관절 운동 범위 제한, 기능 저하	회복 과정에서 재손상 방지와 점진적 복귀가 중요
신경 손상	압박, 과신전, 외상 등으로 신경이 손상됨	감각 이상, 저림, 근력 저하	회복이 느릴 수 있으며 조기 평가와 정밀 관리 필요

지속되면서 운동 수행 능력을 크게 저하시킨다.

골 손상은 골절이나 피로 골절과 같이 뼈에 발생하는 손상을 의미한다. 외부 충격에 의해 발생하는 급성 골절뿐만 아니라, 반복적인 미세 충격으로 인해 발생하는 피로 골절도 중요한 스포츠상해 유형이다. 골 손상은 회복 기간이 길고, 적절한 고정과 의료적 관리가 필수적이다.

관절과 신경 손상 역시 스포츠 현장에서 간과해서는 안 될 손상 유형이다. 관절 손상은 운동 범위 제한과 통증을 동반하며, 신경 손상은 감각 이상이나 근력 저하를 유발할 수 있다.

3. 손상 형태에 따른 분류

스포츠상해는 손상이 나타나는 형태에 따라 분류할 수 있으며, 이는 현장에서 상해를 신속히 판단하는 데 유용하다.

좌상은 근육이나 힘줄이 늘어나거나 미세하게 파열된 상태를 의미하며, 주로 과도한 신장이나 갑작스러운 움직임으로 발생한다. 통증과 압통, 근력 저하가 나타나지만, 비교적 경미한 경우도 많다.

염좌는 인대가 손상된 상태로, 관절이 정상 범위를 넘어 움직일 때 발생한다. 염좌는 관절 부종과 통증을 동반하며, 심한 경우 관절의 안정성이 크게 저하된다.

골절은 뼈가 부분적으로 또는 완전히 끊어진 상태를 의미한다. 스포츠 현장에서는 직접적인 충격이나 낙상으로 인한 골절뿐 아니라, 반복적인 부하로 발생하는 피로 골절도 중요한 손상 형태이다.

탈구는 관절을 이루는 뼈가 정상적인 위치에서 벗어난 상태를 말한다. 탈구

손상 형태에 따른 스포츠상해의 분류

손상 형태	정의	주요 발생 원인	주요 증상 및 특징	현장 판단 및 주의점
좌상 (Strain)	근육 또는 힘줄이 늘어나거나 미세하게 파열된 상태	과도한 신장, 갑작스러운 움직임, 급격한 수축	통증, 압통, 근력 저하, 움직임 시 불편감	비교적 경미해 보일 수 있으나 반복 시 재손상 위험 존재
염좌 (Sprain)	인대가 늘어나거나 부분·완전 파열된 상태	관절의 과도한 움직임, 비틀림, 착지 실수	통증, 부종, 관절 불안정성	초기 고정과 안정이 중요하며 방치 시 만성 불안정성 가능
골절 (Fracture)	뼈가 부분적 또는 완전히 끊어진 상태	직접 충격, 낙상, 반복적 부하(피로 골절)	극심한 통증, 압통, 변형, 체중 부하 불가	즉각적인 운동 중단과 의료적 평가 필수
탈구 (Dislocation)	관절을 이루는 뼈가 정상 위치에서 이탈한 상태	강한 외력, 충돌, 낙상	극심한 통증, 관절 변형, 기능 상실	현장 정복 금지, 즉각적인 의료 조치 필요
타박상 (Contusion)	외부 충격으로 연부조직이 손상된 상태	충돌, 접촉, 타격	멍, 국소 통증, 부종, 출혈	겉보기보다 내부 조직 손상 가능성 고려 필요

는 극심한 통증과 기능 상실을 동반하며, 즉각적인 의료 조치가 필요하다.

타박상은 외부 충격에 의해 연부조직이 손상된 상태로, 출혈과 멍, 통증이 나타난다. 겉으로 보기에는 경미해 보일 수 있으나, 내부 손상이 동반될 가능성도 있어 주의가 필요하다.

4. 상해 중증도 분류

상해의 중증도 분류는 응급처치의 우선순위를 결정하고, 스포츠 활동 복귀 시점을 판단하는 데 중요한 기준이 된다.

경미한 상해는 통증이나 불편감이 있으나, 일상생활과 스포츠 활동 수행에 큰 제한을 주지 않는 상태를 의미한다. 적절한 휴식과 간단한 처치로 비교적 빠른 회복이 가능하다.

중등도 상해는 통증과 기능 제한이 뚜렷하게 나타나며, 스포츠 활동의 일시적인 중단이 필요한 상태이다. 이러한 상해는 전문적인 평가와 치료, 일정 기간의 회복 과정이 요구된다.

중증 상해는 심각한 조직 손상이나 기능 상실을 동반하며, 장기간의 치료와 재활이 필요한 상태를 의미한다. 골절, 심한 탈구, 중증 두부 손상, 척추 손상 등이 이에 해당하며, 경우에 따라 생명과 직결될 수 있다.

중증도 분류는 단순히 상해의 크기를 판단하는 기준이 아니라, 안전한 스포츠 활동을 위한 의사결정의 근거가 된다. 특히 지도자와 현장 관계자는 상해의 중증도를 정확히 인식하고, 무리한 복귀를 방지하는 책임을 가져야 한다.

스포츠상해의 분류는 상해를 이해하고 대응하기 위한 기본적인 언어이자 사고의 틀이다. 발생 시점, 손상 조직, 손상 형태, 중증도에 따른 분류를 종합적으로 활용할 때, 스포츠상해는 보다 체계적으로 관리될 수 있다. 다음 장에서는 이러한 분류 체계를 바탕으로 스포츠상해를 예방하기 위한 원리와 전략을 구체적으로 다루게 된다.

상해 중증도 분류

중증도 구분	정의	주요 증상 및 기능 영향	대표적인 예	관리 및 복귀 판단 기준
경미한 상해	통증이나 불편감은 있으나 일상생활과 스포츠 활동 수행에 큰 제한이 없는 상태	경미한 통증, 약간의 불편감, 기능 제한 거의 없음	가벼운 근육통, 경미한 좌상·타박상	휴식과 간단한 처치로 단기간 회복 가능, 증상 소실 후 점진적 복귀
중등도 상해	통증과 기능 제한이 뚜렷하여 스포츠 활동의 일시적 중단이 필요한 상태	명확한 통증, 운동 범위 감소, 불안정성 또는 근력 저하	중등도 염좌, 근육 파열, 힘줄 손상	전문적 평가 및 치료 필요, 회복 기간 후 단계적 복귀
중증 상해	심각한 조직 손상이나 기능 상실을 동반하며 장기간 치료와 재활이 필요한 상태	극심한 통증, 기능 상실, 구조적 손상	골절, 심한 탈구, 중증 두부 손상, 척추 손상	즉각적인 의료 조치 필수, 장기 재활 후 의료적 판단에 따라 복귀 결정

스포츠상해 예방의 원리

이 장에서는 스포츠상해를 예방하기 위한 기본 원리를 이해하고, 워밍업과 쿨다운, 훈련 강도 조절과 회복 관리, 보호 장비와 안전 수칙이 상해 예방에 어떤 역할을 하는지 체계적으로 살펴본다.

스포츠상해는 발생 이후의 치료보다 사전 예방이 훨씬 중요하며, 예방을 통해 상해의 빈도와 중증도를 크게 줄일 수 있다. 스포츠상해 예방은 단순한 주의나 개인의 조심만으로 이루어지지 않는다. 이는 신체의 생리적 특성에 대한 이해, 체계적인 훈련 관리, 그리고 안전한 환경과 규칙 준수를 포함하는 종합적인 과정이다. 이 장에서는 스포츠상해 예방의 기본 개념을 중심으로, 워밍업과 쿨다운의 역할, 훈련 강도 조절과 회복의 중요성, 보호 장비와 안전 수칙의 의미를 차례로 살펴본다.

1. 예방의 기본 개념

스포츠상해 예방이란 스포츠 활동 중 발생할 수 있는 손상을 사전에 예측하고, 그 위험을 최소화하기 위한 모든 계획적·체계적 노력을 의미한다. 이는 상해를 완전히 제거하는 것을 목표로 하기보다는, 상해 발생 가능성과 그로 인한 부정적 영향을 줄이는 현실적인 접근에 가깝다.

예방의 기본 개념에서 가장 중요한 요소는 위험 인식이다. 스포츠 활동에는 항상 일정 수준의 위험이 존재하며, 이를 인식하지 못하거나 과소평가할 경우 상해 발생 가능성은 급격히 증가한다. 반대로 스포츠상해의 발생 원인과 유형을 이해하고, 자신의 신체 상태와 환경 조건을 고려한다면 위험은 충분히 관리 가능한 요소가 된다.

또한 스포츠상해 예방은 일회성 행동이 아니라 지속적인 관리 과정이다. 일시적인 준비운동이나 장비 착용만으로는 상해를 효과적으로 예방할 수 없다. 훈련 계획의 장기적 관리, 체력 상태의 변화에 대한 지속적인 점검, 그리고 피로와 회복의 균형이 유지될 때 예방의 효과는 극대화된다.

예방의 관점에서 중요한 또 하나의 요소는 개인화이다. 동일한 운동 프로그램이라도 개인의 연령, 체력, 운동 경험, 과거 상해 이력에 따라 상해 위험은 다르게 나타난다. 따라서 스포츠상해 예방은 획일적인 기준이 아니라, 개인의 특성을 고려한 맞춤형 접근이 필요하다.

2. 워밍업과 쿨다운

워밍업과 쿨다운은 스포츠상해 예방을 위한 가장 기본적이면서도 효과적인 방법 중 하나이다. 그러나 그 중요성에 비해 실제 현장에서는 형식적으로 수행되거나 생략되는 경우가 적지 않다.

워밍업은 본격적인 운동에 앞서 신체를 점진적으로 활동 상태로 전환시키는 과정이다. 이를 통해 근육의 온도가 상승하고, 관절의 가동 범위가 확장되며, 신경계의 반응 속도가 향상된다. 이러한 변화는 갑작스러운 부하에 대한 신체의 적응 능력을 높여 근육 좌상, 인대 염좌, 관절 손상과 같은 급성 상해의 발생 가능성을 줄인다.

특히 워밍업은 단순한 스트레칭이 아니라, 수행할 운동의 특성을 반영한 동적 준비 과정으로 구성되어야 한다. 예를 들어, 달리기나 점프가 많은 종목에서는 하체 중심의 동적 움직임이 포함되어야 하며, 접촉이 많은 종목에서는 균형 감각과 반응 능력을 자극하는 요소가 필요하다.

쿨다운은 운동 후 신체를 안정 상태로 회복시키는 과정으로, 상해 예방과 회복 관리에 중요한 역할을 한다. 운동 후 갑작스럽게 활동을 중단할 경우, 근육과 관절에 긴장이 남아 통증과 경직이 발생할 수 있다. 쿨다운은 이러한 현상을

워밍업과 쿨다운의 역할 및 특징

구분	워밍업 (Warm-up)	쿨다운 (Cool-down)
정의	본격적인 운동에 앞서 신체를 점진적으로 활동 상태로 전환시키는 과정	운동 후 신체를 안정 상태로 회복시키는 과정
주요 목적	신체의 운동 준비 상태 형성	운동 후 회복 촉진 및 긴장 완화
신체적 변화	근육 온도 상승, 관절 가동 범위 확대, 신경계 반응 속도 향상	근육 이완, 혈액 순환 촉진, 피로 물질 제거
상해 예방 효과	갑작스러운 부하에 대한 적응력 향상으로 급성 상해 예방	미세 손상의 회복 촉진으로 만성 상해 예방
구성 원칙	단순 스트레칭이 아닌, 수행할 종목 특성을 반영한 동적 준비 과정	점진적인 활동 감소와 정적 스트레칭 중심
종목별 고려 사항	달리기·점프 종목: 하체 중심 동적 움직임 접촉 종목: 균형·반응 능력 자극	사용된 근육과 관절을 중심으로 회복 및 이완
미실시 시 문제점	근육 좌상, 인대 염좌, 관절 손상 등 급성 상해 위험 증가	근육 경직, 통증 지속, 만성 상해 위험 증가
스포츠상해 관리에서의 의미	상해 예방을 위한 사전 준비 단계	회복 관리 및 재손상 예방 단계

완화하고, 혈액 순환을 촉진하여 피로 물질의 제거를 돕는다.

또한 쿨다운은 운동 중 발생한 미세 손상이 회복 단계로 원활히 전환될 수 있도록 돕는 역할을 하며, 만성 상해 예방에 특히 중요하다. 따라서 워밍업과 쿨다운은 상해 예방의 보조적 요소가 아니라, 스포츠 활동의 필수적인 구성 요소로 인식되어야 한다.

3. 훈련 강도 조절과 회복

훈련 강도와 회복의 균형은 스포츠상해 예방의 핵심 원리 중 하나이다. 신체는 적절한 자극을 통해 기능이 향상되지만, 그 자극이 과도하거나 회복이 부족할 경우 오히려 손상으로 이어진다.

훈련 강도 조절의 기본 원칙은 점진성이다. 운동 강도, 빈도, 시간은 신체의 적응 수준에 맞추어 점진적으로 증가해야 하며, 갑작스러운 변화는 상해 위험을 크게 높인다. 특히 초보자나 장기간 운동을 중단했던 사람의 경우, 빠른 성과를 기대하며 무리한 훈련을 시행하는 것은 매우 위험하다.

회복은 단순한 휴식이 아니라, 신체 기능을 재정비하는 적극적인 과정이다. 충분한 수면, 적절한 영양 섭취, 휴식일의 확보는 회복의 기본 요소이며, 이는 상해 예방과 직결된다. 회복이 부족한 상태에서는 근육과 신경계의 조절 능력이 저하되어 작은 실수도 큰 상해로 이어질 수 있다.

또한 피로의 누적은 만성 상해의 주요 원인이다. 통증이나 불편감이 지속될 경우 이를 단순한 피로로 치부하지 않고, 훈련 강도를 조절하거나 휴식을 취하는 판단이 필요하다. 훈련 강도 조절과 회복 관리는 지도자뿐만 아니라 스포츠 참여자 스스로가 인식하고 실천해야 할 중요한 예방 전략이다.

4. 보호 장비와 안전 수칙

보호 장비와 안전 수칙은 스포츠상해 예방의 마지막 방어선으로서 중요한 역할을 한다. 이는 상해를 완전히 막기보다는, 불가피한 상황에서 손상의 정도를 최소화하는 데 목적이 있다.

보호 장비는 스포츠 종목의 특성과 위험 요소에 맞게 설계되어 있으며, 적절히 사용될 경우 외부 충격을 완화하고 관절과 연부조직을 보호한다. 그러나 보호 장비를 착용한다고 해서 상해 위험이 완전히 사라지는 것은 아니다. 장비의 크기와 착용 상태가 신체에 맞지 않거나, 장비가 마모되어 기능을 상실한 경우

야구

야구

바이크

어종격투기

종목별 보호 장비

오히려 위험 요소로 작용할 수 있다.

안전 수칙은 개인의 행동과 태도에 직접적으로 영향을 미치는 예방 요소이다. 규칙 준수, 무리한 경쟁의 자제, 위험 상황에서의 즉각적인 중단은 상해 예방의 기본적인 실천 항목이다. 특히 지도자는 안전 수칙을 단순한 규정이 아닌,

스포츠 활동의 필수 조건으로 인식시키는 역할을 수행해야 한다.

보호 장비와 안전 수칙은 개인 차원의 선택이 아니라, 스포츠 현장 전체의 안전 문화를 반영하는 요소이다. 이러한 요소들이 자연스럽게 실천되는 환경에서는 상해 발생률이 낮아질 뿐만 아니라, 사고 발생 시에도 보다 효과적인 대응이 가능해진다.

스포츠상해 예방은 단일한 행동이나 규칙으로 완성되지 않는다. 이는 신체 이해를 바탕으로 한 준비 과정, 훈련과 회복의 균형, 그리고 안전한 환경과 문화가 유기적으로 결합될 때 비로소 실질적인 효과를 발휘한다. 다음 장에서는 이러한 예방 원리를 구체적인 컨디셔닝 전략과 연결하여, 스포츠상해를 줄이기 위한 실천적 접근을 살펴본다.

컨디셔닝과 상해 예방

이 장에서는 스포츠상해를 예방하기 위한 컨디셔닝의 핵심 개념을 이해하고, 근력과 유연성의 균형, 관절 안정성과 코어 트레이닝, 신경근 조절 능력, 그리고 피로 관리와 회복 전략이 상해 예방에 어떻게 기여하는지를 살펴본다.

컨디셔닝은 단순히 체력을 향상시키는 훈련을 의미하지 않는다. 스포츠에서의 컨디셔닝은 신체가 요구되는 움직임을 안전하고 효율적으로 수행할 수 있도록 준비하고 유지하는 과정이며, 상해 예방을 위한 가장 실질적인 접근 방법 중 하나이다. 많은 스포츠상해는 기술 부족이나 우연한 사고보다도, 신체 기능의 불균형과 조절 능력 저하에서 비롯된다. 따라서 상해 예방을 위한 컨디셔닝은 근력과 유연성의 균형, 관절 안정성, 신경근 조절 능력, 그리고 피로 관리와 회복 전략을 포함하는 종합적인 개념으로 이해되어야 한다.

1. 근력·유연성 균형

근력과 유연성의 균형은 상해 예방을 위한 컨디셔닝의 출발점이다. 근력은 관절과 신체를 지지하고 움직임을 생성하는 힘의 기반이며, 유연성은 관절과 근육이 원활하게 움직일 수 있도록 하는 가동성의 요소이다. 이 두 요소가 균형을 이루지 못할 경우, 신체는 특정 부위에 과도한 부하를 받게 되어 상해 위험이 증가한다.

근력이 충분하지 않은 상태에서는 외부 충격이나 반복적인 부하를 효과적으로 흡수하지 못해 관절과 인대에 부담이 집중된다. 반대로 유연성이 부족한 경우, 근육과 힘줄은 갑작스러운 신장에 취약해져 좌상이나 파열이 발생하기 쉽다. 특히 특정 근육군만 발달하고 반대 작용을 하는 근육이 상대적으로 약한 경우, 관절의 움직임은 불안정해지고 비정상적인 패턴이 고착될 가능성이 높다.

근력·유연성 균형의 문제는 단기간에 드러나지 않는 경우가 많다. 반복적인 훈련 속에서 신체는 일시적으로 적응하는 것처럼 보이지만, 미세한 불균형이 누적되면 만성 상해로 이어질 가능성이 크다. 따라서 컨디셔닝 과정에서는 단순히 근력을 키우거나 스트레칭을 늘리는 것이 아니라, 주요 관절을 중심으로 근육 간의 균형과 가동 범위를 종합적으로 고려해야 한다.

2. 관절 안정성과 코어 트레이닝

관절 안정성은 스포츠상해 예방에서 매우 중요한 요소이다. 관절은 움직임을 가능하게 하는 구조이지만, 동시에 외부 힘에 취약한 부위이기도 하다. 관절의 안정성은 인대와 관절 구조뿐만 아니라, 주변 근육과 신경계의 협응 작용에 의해 유지된다.

관절 안정성이 부족할 경우, 작은 충격이나 비틀림에도 관절은 정상 범위를 벗어나 손상될 가능성이 높아진다. 특히 발목, 무릎, 어깨와 같은 가동성이 큰

코어 트레이닝

관절은 안정성 확보가 필수적이다. 이러한 안정성은 단순히 특정 근육을 강화하는 것만으로는 충분하지 않으며, 관절 주변 근육들이 적절한 타이밍에 협력하여 작동할 수 있도록 훈련되어야 한다.

코어 트레이닝은 관절 안정성을 향상시키는 데 핵심적인 역할을 한다. 코어는 몸통을 중심으로 신체의 균형과 힘 전달을 담당하는 영역으로, 팔다리의 움직임을 지지하는 기반이 된다. 코어 안정성이 확보되지 않으면 상·하체의 힘 전달이 비효율적으로 이루어져 특정 관절에 부담이 집중된다. 이는 허리 통증뿐만 아니라, 무릎과 어깨 상해의 간접적인 원인이 되기도 한다.

상해 예방을 위한 코어 트레이닝은 단순한 근력 강화보다는, 자세 유지와 균형 조절 능력을 중심으로 이루어져야 한다. 안정적인 자세에서의 정적 유지뿐만 아니라, 움직임 속에서의 안정성을 함께 훈련할 때 예방 효과는 더욱 높아진다.

3. 신경근 조절 능력

신경근 조절 능력은 신경계와 근육이 협력하여 적절한 힘과 타이밍으로 움직임을 조절하는 능력을 의미한다. 이는 스포츠 수행 능력뿐만 아니라, 상해 예방에 있어 매우 중요한 요소이다.

스포츠 활동 중 발생하는 많은 상해는 근력이 부족해서라기보다, 예상치 못한 상황에서 신체가 적절히 반응하지 못해 발생한다. 미끄러짐, 착지 불안정, 갑작스러운 방향 전환 상황에서 신경근 조절 능력이 저하되어 있으면, 관절은 보호 반응을 충분히 수행하지 못하고 손상으로 이어진다.

신경근 조절 능력은 반복적인 훈련을 통해 향상될 수 있으며, 특히 균형 감각과 반응 속도를 포함하는 훈련이 효과적이다. 불안정한 지면에서의 동작, 다양한 방향 전환 훈련, 예측하기 어려운 자극에 대한 반응 훈련은 신경계의 적응 능력을 높이는 데 기여한다.

이러한 능력은 단순히 전문 선수에게만 필요한 요소가 아니다. 생활체육 참여자나 일반인에게도 신경근 조절 능력은 낙상 예방과 일상생활 안전에 중요한 역할을 한다. 따라서 컨디셔닝은 근육의 크기나 힘뿐 아니라, 움직임의 질과 조절 능력을 함께 향상시키는 방향으로 설계되어야 한다.

4. 피로 관리와 회복 전략

피로는 스포츠상해 발생의 가장 중요한 위험 요인 중 하나이다. 피로가 누적되면 근육과 신경계의 기능이 저하되고, 움직임의 정확성과 반응 속도가 감소한다. 이러한 상태에서는 평소 문제없이 수행하던 동작에서도 상해가 발생할 가능성이 크게 증가한다.

피로 관리는 단순히 훈련을 줄이는 것이 아니라, 훈련과 회복의 균형을 유지하는 전략적 접근을 의미한다. 충분한 휴식과 수면은 회복의 기본 요소이며, 이는 신체 조직의 재생과 신경계 회복에 필수적이다. 또한 영양 섭취와 수분 보충은 회복 과정을 지원하는 중요한 요소로 작용한다.

회복 전략에는 적극적 회복도 포함된다. 가벼운 활동을 통해 혈액 순환을 촉진하고, 근육의 긴장을 완화하는 과정은 피로 해소와 상해 예방에 긍정적인 영향을 미친다. 반대로 통증이나 피로 신호를 무시한 채 훈련을 지속하는 것은 만성 상해로 이어질 가능성이 높다.

피로 관리의 핵심은 자신의 신체 신호를 인식하고, 이를 존중하는 태도에 있다. 지도자는 훈련 강도와 일정 속에서 회복 시간을 충분히 확보해야 하며, 스포츠 참여자 역시 성과보다 건강을 우선시하는 관점을 가져야 한다. 이러한 인식이 자리 잡을 때, 컨디셔닝은 단순한 훈련을 넘어 상해 예방을 위한 지속 가능한 전략으로 기능하게 된다.

컨디셔닝은 스포츠상해 예방의 실천적 핵심이다. 근력과 유연성의 균형, 관절 안정성과 코어 강화, 신경근 조절 능력 향상, 그리고 피로 관리와 회복 전략이 유기적으로 결합될 때 신체는 보다 안전하고 효율적으로 움직일 수 있다. 다음 장에서는 이러한 예방과 컨디셔닝의 원리를 바탕으로, 실제 스포츠 현장에서 응급처치를 수행하기 위한 기본 원칙을 살펴본다.

Note

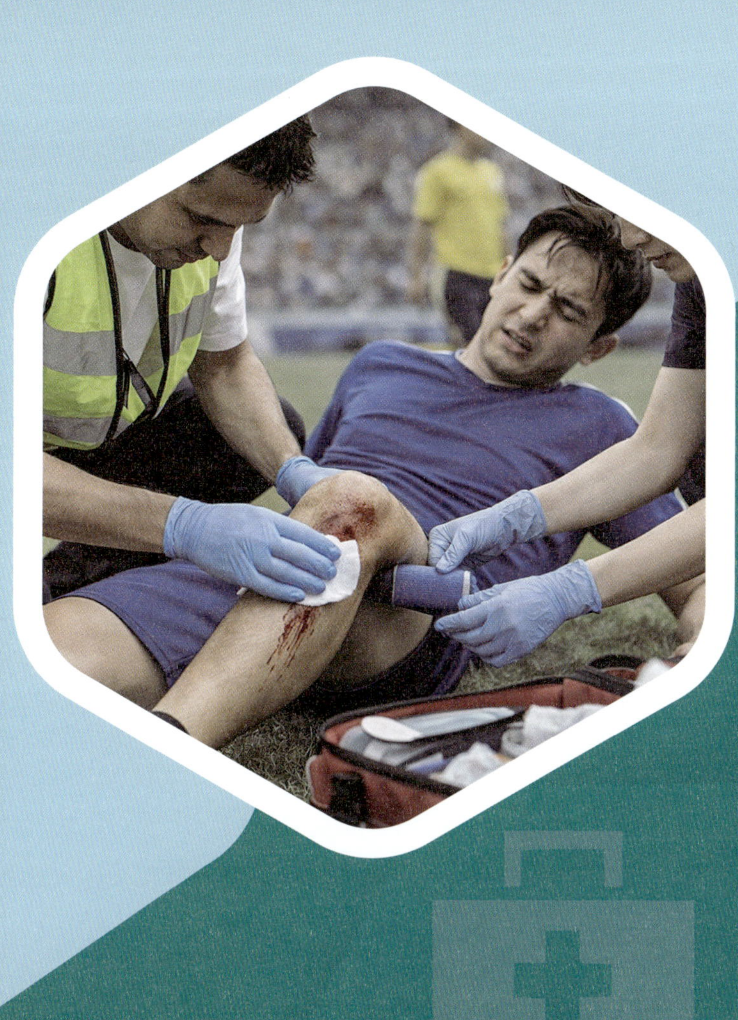

응급처치의 이해

이 장에서는 스포츠 현장에서 발생할 수 있는 다양한
응급상황의 특성을 이해하고, 응급처치의 정의와 목적,
현장 대응의 한계, 그리고 전문 의료 체계로의 연계가 왜
중요한지를 체계적으로 살펴본다.

스포츠 활동은 철저한 예방과 준비를 통해 상해 발생 위험을 줄일 수 있지만, 모든 사고를 완전히 차단할 수는 없다. 예기치 못한 충돌, 낙상, 급성 질환, 환경 변화 등은 언제든지 스포츠 현장에서 응급상황을 초래할 수 있다. 이러한 상황에서 최초로 이루어지는 대응은 상해의 경과와 예후를 결정하는 데 매우 중요한 역할을 한다. 응급처치는 전문 의료 처치 이전 단계에서 이루어지는 초기 대응으로서, 생명 보호와 손상 악화 방지를 목적으로 한다. 이 장에서는 응급처치의 정의와 목적, 응급상황의 유형, 현장 응급처치의 한계, 그리고 의료 연계의 중요성을 체계적으로 살펴본다.

1. 응급처치의 정의와 목적

응급처치란 갑작스러운 사고나 질병으로 인해 생명 또는 신체에 위협이 발생한 상황에서, 전문적인 의료 처치가 제공되기 이전까지 현장에서 즉시 시행되는 일련의 조치를 의미한다. 이는 의료 행위와는 구별되는 개념으로, 제한된 환경과 도구 속에서 최소한의 개입을 통해 생명을 보호하고 상태 악화를 방지하는 데 목적이 있다.

응급처치의 가장 우선적인 목적은 생명 유지이다. 호흡과 순환이 중단되거나 심각한 출혈이 발생한 경우, 적절한 초기 대응 여부에 따라 생존 가능성은 크게 달라진다. 따라서 응급처치는 전문 치료를 대체하는 것이 아니라, 생명을 지키기 위한 시간 확보의 과정으로 이해해야 한다.

두 번째 목적은 손상의 악화 방지이다. 골절, 탈구, 연부조직 손상과 같은 스포츠상해는 초기 대응이 미흡할 경우 손상 범위가 확대되거나 회복 기간이 길어질 수 있다. 응급처치는 부상 부위를 보호하고 불필요한 움직임을 제한함으로써, 추가 손상을 예방하는 역할을 한다.

마지막으로 응급처치는 회복과 치료의 출발점이라는 의미를 가진다. 현장에서 이루어진 적절한 처치는 이후 의료적 치료와 재활 과정의 효율성을 높이며, 장기적인 후유증 발생 가능성을 줄이는 데 기여한다. 이러한 점에서 응급처치는 단순한 응급 대응이 아니라, 스포츠 안전 관리 체계의 핵심 요소로 이해되어야 한다.

2. 응급상황의 종류

스포츠 현장에서 발생하는 응급상황은 그 원인과 양상에 따라 매우 다양하게 나타난다. 이러한 상황을 유형별로 이해하는 것은 신속하고 적절한 판단을 내리는 데 중요한 기초가 된다.

가장 대표적인 응급상황은 외상성 손상이다. 충돌이나 낙상으로 인한 골절, 탈구, 심한 염좌, 출혈은 스포츠 현장에서 빈번하게 발생하며, 즉각적인 대응이 요구된다. 특히 두부나 척추 손상이 의심되는 경우에는 작은 움직임도 심각한 결과로 이어질 수 있어 각별한 주의가 필요하다.

또 다른 중요한 응급상황은 내과적 응급 상황이다. 운동 중 심장 문제, 저혈당, 실신, 운동 유발성 천식 발작 등은 외형적인 손상이 없더라도 생명을 위협할 수 있다. 이러한 상황은 사전 병력과 컨디션에 따라 발생 가능성이 달라지며, 빠른 인지와 대응이 필수적이다.

환경적 요인에 의해 발생하는 응급상황도 간과해서는 안 된다. 고온 환경에서의 열사병이나 열탈진, 저온 환경에서의 저체온증, 탈수와 전해질 불균형은

스포츠 활동의 특성과 환경 조건이 결합되어 발생한다. 이러한 응급상황은 점진적으로 증상이 나타나는 경우가 많아, 초기 징후를 인식하지 못하면 위험한 상태로 급속히 진행될 수 있다.

이처럼 응급상황은 단일한 형태로 나타나지 않으며, 외상성·내과적·환경적 요인이 복합적으로 작용하는 경우도 많다. 따라서 응급처치 교육은 특정 상해 유형에 국한되지 않고, 다양한 상황에 대응할 수 있는 포괄적인 이해를 바탕으로 이루어져야 한다.

3. 현장 응급처치의 한계

현장 응급처치는 중요한 역할을 수행하지만, 분명한 한계를 지닌다. 이러한 한계를 인식하는 것은 응급처치를 과도하게 확대하거나, 반대로 소극적으로 수행하는 것을 방지하는 데 필요하다.

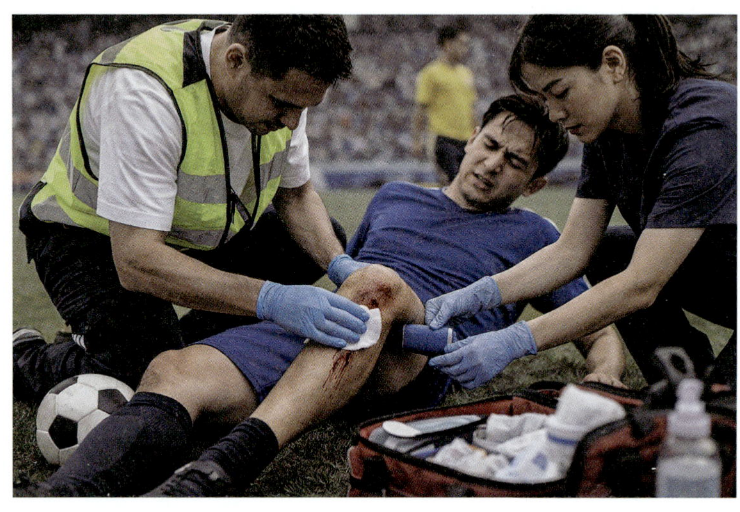

첫째, 현장 응급처치는 제한된 정보와 도구 속에서 이루어진다. 전문 의료 장비나 진단 수단이 없는 상태에서 상해의 정확한 정도를 판단하는 것은 어렵다. 겉으로 보기에는 경미해 보이는 손상도 내부 손상이 동반되어 있을 가능성이 있으며, 이러한 경우 현장 판단만으로 안전을 확신할 수 없다.

둘째, 응급처치는 치료 행위가 아닌 임시적 조치라는 점에서 한계를 가진다. 통증을 완화하거나 출혈을 멈추는 데는 도움이 될 수 있으나, 근본적인 치료를 제공하지는 못한다. 따라서 응급처치를 시행한 후에도 지속적인 관찰과 전문적인 평가가 반드시 필요하다.

셋째, 현장 대응자의 역량과 경험에 따라 응급처치의 질은 크게 달라질 수 있다. 충분한 교육과 훈련 없이 이루어지는 응급처치는 오히려 상태를 악화시킬 위험도 있다. 예를 들어, 부적절한 움직임이나 무리한 처치는 골절이나 척추 손상을 악화시킬 수 있다.

이러한 이유로 현장 응급처치는 "할 수 있는 것"과 "해서는 안 되는 것"을 명확히 구분하는 것이 중요하다. 응급처치의 한계를 이해하는 태도는 무책임한 개입을 예방하고, 보다 안전한 대응으로 이어진다.

4. 의료 연계의 중요성

응급처치의 최종 목적은 현장에서 모든 문제를 해결하는 것이 아니라, 적절한 의료 서비스로의 원활한 연계에 있다. 의료 연계란 응급상황 발생 후 환자가 신속하고 안전하게 전문 의료진의 평가와 치료를 받을 수 있도록 연결하는 과정을 의미한다.

의료 연계는 상해의 중증도를 정확히 평가하고, 향후 치료 및 회복 계획을 수립하는 데 필수적이다. 특히 두부 손상, 척추 손상, 심혈관계 이상, 지속적인 통증이나 출혈이 동반된 경우에는 지체 없는 의료 연계가 생명과 직결될 수 있다.

또한 의료 연계는 응급처치의 책임 범위를 명확히 하는 역할도 한다. 현장에

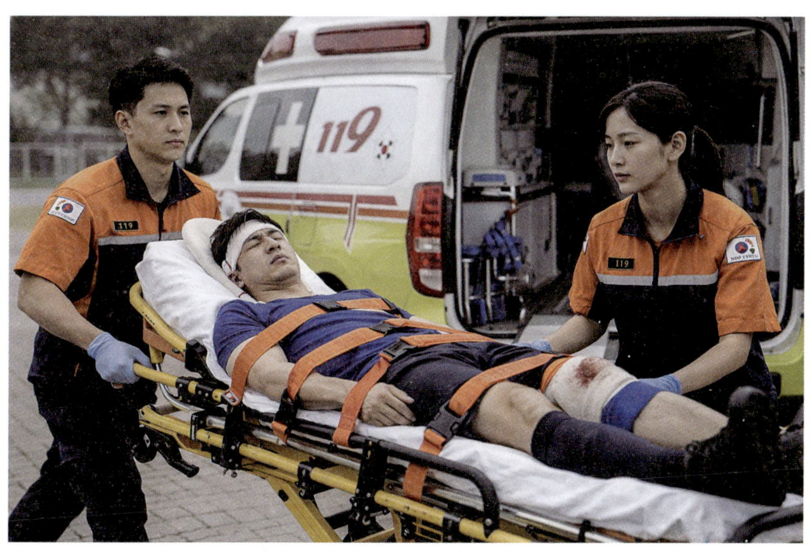

서 적절한 초기 대응과 함께 신속한 의료 연계가 이루어졌다면, 응급처치는 그 목적을 충실히 수행한 것으로 평가할 수 있다. 반대로 의료 연계가 지연되거나 이루어지지 않을 경우, 비교적 경미한 상해도 심각한 결과로 이어질 수 있다.

스포츠 현장에서의 안전 관리 체계는 응급처치와 의료 연계를 하나의 흐름으로 인식할 때 비로소 완성된다. 이를 위해서는 응급 연락 체계, 의료 기관 정보, 이송 절차 등에 대한 사전 준비가 필요하며, 지도자와 관계자는 이러한 체계를 숙지하고 있어야 한다.

응급처치는 스포츠 안전 관리의 핵심적인 연결 고리이다. 이는 예방과 치료 사이에서 생명을 보호하고 손상의 악화를 막는 역할을 수행한다. 다음 장에서는 이러한 응급처치의 이해를 바탕으로, 실제 현장에서 응급상황에 대응하기 위한 구체적인 절차와 우선순위를 다루게 된다.

응급상황 대응 절차

이 장에서는 스포츠 현장에서 응급상황이 발생했을 때 혼란을 최소화하고 생명을 보호하기 위해 따라야 할 기본적인 대응 순서를 이해하고, 현장 안전 확보부터 상태 평가, 응급처치 우선순위 설정, 구조 요청과 이송까지의 핵심 절차를 단계적으로 학습한다.

응급상황에서의 대응은 무엇을 얼마나 알고 있는가보다 어떤 순서로 행동하는가에 의해 성패가 좌우된다. 스포츠 현장은 소음, 혼잡, 긴장 상태가 동반되기 쉬워 판단 오류가 발생하기 쉽다. 따라서 응급상황에 대비한 대응 절차는 단순하면서도 일관되어야 하며, 반복 훈련을 통해 자동화될 필요가 있다. 이 장에서는 스포츠 현장에서 응급상황이 발생했을 때 적용해야 할 기본적인 대응 절차를 네 단계로 나누어 설명한다.

1. 현장 안전 확보

응급상황 대응의 출발점은 현장 안전 확보이다. 이는 부상자보다 먼저 확인해야 할 가장 중요한 단계로, 현장이 안전하지 않은 상태에서는 어떠한 응급처치도 효과적으로 이루어질 수 없다.

현장 안전 확보란 응급처치를 수행하는 사람과 부상자 모두가 추가적인 위험에 노출되지 않도록 주변 환경을 점검하고 조치하는 것을 의미한다. 예를 들어 경기 중 충돌 사고가 발생했을 경우, 즉시 경기를 중단시키고 주변 선수나 기구를 부상자에게서 멀리 떨어뜨려야 한다. 미끄러운 바닥, 낙하 위험이 있는 장비, 이동 중인 차량이나 기계 등이 있다면 우선적으로 위험 요소를 제거하거나 접근을 통제해야 한다.

스포츠 현장에서는 관중이나 동료 선수들이 몰려들어 상황을 악화시키는 경우도 많다. 이러한 경우, 지도자나 담당자는 침착하게 주변을 정리하고 불필요한 접근을 제한해야 한다. 현장 안전 확보는 단순한 배려의 문제가 아니라, 2차 사고를 예방하기 위한 필수 조치이다. 응급상황에서 또 다른 부상자가 발생하는 것은 가장 피해야 할 상황이며, 이를 방지하는 것이 응급처치의 첫 번째 책임이다.

2. 상태 평가(의식·호흡·출혈)

현장이 안전하게 확보되면 다음 단계는 부상자의 상태 평가이다. 상태 평가는 응급처치의 방향과 우선순위를 결정하는 핵심 과정으로, 짧은 시간 안에 정확하게 이루어져야 한다.

가장 먼저 확인해야 할 요소는 의식 상태이다. 부상자에게 말을 걸거나 가볍게 자극하여 반응이 있는지를 확인한다. 의식이 없는 경우 이는 생명을 위협하는 상황일 가능성이 높으며, 즉각적인 조치가 필요하다. 의식이 있다 하더라도 혼란스러운 반응이나 기억 상실이 나타난다면 두부 손상을 의심해야 한다.

다음으로 확인해야 할 것은 호흡이다. 호흡이 정상적으로 이루어지고 있는지, 숨소리가 불규칙하거나 호흡 곤란의 징후가 있는지를 관찰한다. 호흡이 없거나 비정상적인 경우에는 즉시 생명 유지 조치가 필요하며, 이는 응급처치의 최우선 대상이 된다.

출혈 여부 역시 중요한 평가 항목이다. 외부 출혈이 눈에 띄는 경우, 출혈의 양과 속도를 확인해야 한다. 대량 출혈은 짧은 시간 내에 생명을 위협할 수 있으므로, 즉각적인 지혈 조치가 요구된다. 출혈이 겉으로 보이지 않더라도, 통증, 부종, 피부색 변화 등은 내부 출혈이나 심각한 손상을 시사할 수 있어 주의 깊은 관찰이 필요하다.

상태 평가는 전문적인 진단이 아니라, 위급한 위험 요소를 선별하는 과정이라는 점을 명확히 인식해야 한다. 이 단계의 목적은 정확한 병명을 판단하는 것

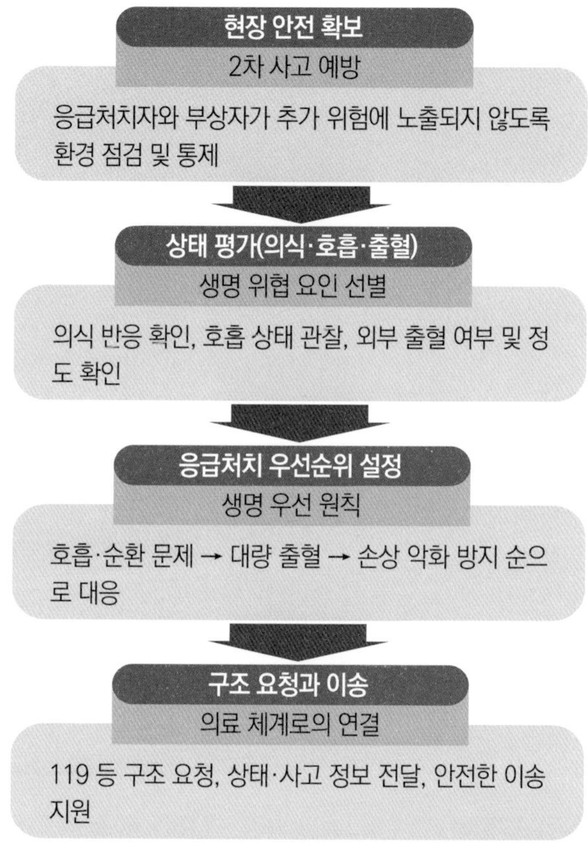

스포츠 현장에서의 응급상황 대응 절차(4단계)

이 아니라, 생명과 직결된 문제를 빠르게 발견하는 데 있다.

3. 응급처치 우선순위

응급상황에서는 모든 문제를 동시에 해결할 수 없기 때문에, 응급처치의 우선순위 설정이 매우 중요하다. 우선순위의 기본 원칙은 생명을 위협하는 문제를 가장 먼저 처리하는 것이다.

　호흡과 순환에 문제가 있는 경우, 다른 모든 처치는 뒤로 미루어야 한다. 예를 들어 골절이나 심한 통증이 있더라도, 호흡이 불안정하거나 대량 출혈이 동반된 경우에는 이를 먼저 해결해야 한다. 이는 응급처치에서 일관되게 적용되는 기본 원칙이다.

　생명에 직접적인 위협이 해소된 이후에는 손상의 악화를 방지하는 처치가 이루어진다. 부상 부위를 고정하고 불필요한 움직임을 제한하며, 통증을 최소화하는 조치를 취한다. 이 과정에서 중요한 것은 과도한 개입을 피하는 것이다. 현장에서 할 수 있는 범위를 넘어선 처치는 오히려 상태를 악화시킬 수 있다.

　응급처치 우선순위는 상황에 따라 유연하게 적용되어야 한다. 한 가지 손상만 있는 경우보다, 복합적인 상해가 발생한 경우에는 판단이 더욱 중요해진다. 이때 응급처치자는 침착함을 유지하고, 단계적으로 접근해야 하며, 주변의 도움을 적절히 활용하는 태도가 필요하다.

4. 구조 요청과 이송

응급상황 대응의 마지막 단계는 구조 요청과 이송이다. 이는 응급처치의 종결이 아니라, 전문 의료 체계로의 연결을 의미한다. 현장에서의 응급처치는 제한적일 수밖에 없으며, 적절한 의료 연계 없이는 안전한 해결이 어렵다.

구조 요청은 가능한 한 빠르게 이루어져야 하며, 상황에 대한 명확한 정보 전달이 중요하다. 부상자의 상태, 발생 장소, 사고 경위, 현재 시행 중인 응급처치 내용 등을 정확히 전달할수록 구조와 치료는 신속하고 효과적으로 이루어진다. 스포츠 현장에서는 이러한 역할을 분담하여 수행할 수 있도록 사전 준비가 필요하다.

이송 과정에서도 주의가 요구된다. 특히 두부나 척추 손상이 의심되는 경우에는 불필요한 이동을 최소화해야 하며, 전문 구조 인력이 도착하기 전까지 안

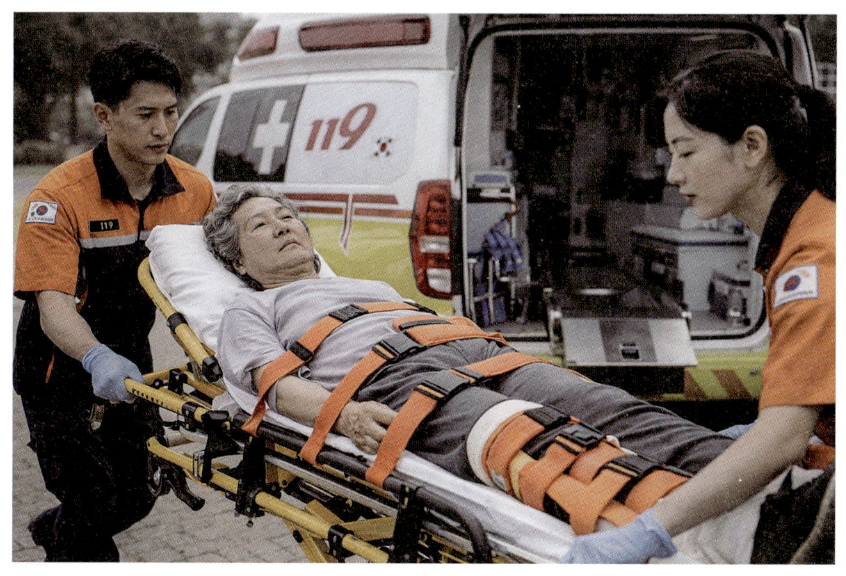

정된 자세를 유지하도록 돕는 것이 중요하다. 무리한 이동이나 잘못된 자세 변경은 손상을 악화시킬 수 있다.

구조 요청과 이송은 응급상황 대응 절차의 마무리 단계이지만, 동시에 가장 중요한 연결 고리이다. 이 단계가 원활히 이루어질 때, 현장에서의 응급처치는 그 목적을 충실히 달성했다고 볼 수 있다.

응급상황 대응 절차는 단순한 매뉴얼이 아니라, 위기 상황에서 생명과 안전을 지키는 행동의 기준이다. 현장 안전 확보에서 시작하여 상태 평가, 우선순위 설정, 구조 요청과 이송으로 이어지는 일련의 과정은 반복적인 교육과 훈련을 통해 체화되어야 한다. 다음 장에서는 이러한 절차를 실제 응급처치의 법적·윤리적 기준과 연결하여, 응급대응의 책임과 한계를 보다 구체적으로 살펴본다.

응급처치의 법적·윤리적 기준

이 장에서는 스포츠 현장에서 응급처치를 수행할 때 반드시 고려해야 할 법적·윤리적 기준을 이해하고, 선의의 응급처치 원칙과 지도자의 책임 범위, 응급처치와 의료행위의 구분, 사고 보고와 기록의 중요성을 통해 책임 있고 안전한 응급대응의 기준을 학습한다.

응급처치는 생명을 보호하고 손상의 악화를 방지하기 위한 중요한 행위이지만, 동시에 법적·윤리적 기준 속에서 이루어져야 한다. 스포츠 현장에서 응급상황은 예고 없이 발생하며, 대응자는 제한된 시간과 정보 속에서 판단을 내려야 한다. 이러한 상황에서 응급처치에 대한 법적·윤리적 기준을 명확히 이해하지 못한다면, 선의의 행동이 법적 분쟁이나 윤리적 문제로 이어질 수 있다. 이 장에서는 선의의 응급처치 원칙을 중심으로, 지도자의 법적 책임, 응급처치와 의료행위의 구분, 그리고 사고 보고와 기록의 중요성을 살펴본다.

1. 선의의 응급처치 원칙

선의의 응급처치 원칙이란, 응급상황에서 타인의 생명이나 신체를 보호하기 위해 악의나 대가를 기대하지 않고 시행한 응급처치 행위는 일정 범위 내에서 법적 책임을 면제하거나 경감해야 한다는 윤리적·법적 원칙을 의미한다. 이 원칙은 응급상황에서 도움을 주려는 사람들의 행동을 위축시키지 않기 위해 마련된 사회적 합의에 가깝다.

응급상황은 시간적 여유가 거의 없고, 완전한 판단이 어려운 환경에서 발생한다. 이러한 상황에서 응급처치자가 결과에 대한 법적 책임을 과도하게 우려하게 되면, 필요한 조치가 지연되거나 아예 이루어지지 않을 위험이 있다. 선의의 응급처치 원칙은 이러한 문제를 방지하고, 사회 구성원들이 적극적으로 생명 보호 행동에 나설 수 있도록 하는 윤리적 토대가 된다.

그러나 선의의 응급처치가 무조건적인 면책을 의미하는 것은 아니다. 응급처치는 응급 상황에서, 능력과 교육 수준의 범위 내에서, 상식적이고 합리적인

방법으로 이루어져야 한다. 고의로 위해를 가하거나, 명백히 부적절한 방법을
사용하여 상태를 악화시킨 경우에는 선의의 응급처치로 인정받기 어렵다. 따
라서 응급처치자는 선의와 함께 책임 있는 판단을 동시에 요구받는다.

2. 지도자의 법적 책임

스포츠 현장에서 지도자는 단순한 기술 전달자를 넘어, 참여자의 안전을 관
리해야 할 법적·윤리적 책임을 지닌 존재이다. 특히 청소년이나 초보자를 대상
으로 하는 경우, 지도자의 책임 범위는 더욱 확대된다.

지도자의 법적 책임은 크게 예방 책임과 대응 책임으로 나눌 수 있다. 예방
책임이란, 훈련과 경기 전 안전 점검을 실시하고, 참여자의 신체 상태와 수준에

맞는 프로그램을 제공하며, 위험 요소를 사전에 제거해야 할 의무를 의미한다. 이러한 예방 조치가 충분히 이루어지지 않은 상태에서 상해가 발생한 경우, 지도자는 관리 소홀에 대한 책임을 질 수 있다.

대응 책임은 응급상황이 발생했을 때 적절한 조치를 취해야 할 의무를 말한다. 이는 반드시 전문적인 의료 처치를 수행해야 한다는 의미는 아니며, 상황에 맞는 응급처치와 신속한 구조 요청, 의료 연계를 포함한다. 응급상황을 인지하고도 아무런 조치를 취하지 않거나, 명백히 부적절한 대응으로 상태를 악화시킨 경우에는 법적 책임이 문제 될 수 있다.

다만 지도자의 책임 역시 무한하지는 않다. 지도자는 의료인이 아니므로, 전문적인 진단이나 치료를 요구받지 않는다. 법적 판단의 핵심은 지도자가 당시 상황에서 기대되는 합리적인 수준의 주의와 조치를 다했는가에 있다. 따라서 지도자는 자신의 역할과 한계를 명확히 인식하고, 그 범위 내에서 최선을 다하는 태도가 중요하다.

3. 응급처치와 의료행위의 구분

응급처치와 의료행위의 구분은 스포츠 현장에서 매우 중요한 문제이다. 이 둘의 경계를 명확히 이해하지 못하면, 선의의 행동이 불법 의료행위로 오해받을 수 있다.

응급처치는 전문 의료 처치 이전 단계에서 시행되는 임시적·보조적 조치이다. 이는 생명 유지, 출혈 방지, 손상 악화 예방을 목적으로 하며, 비교적 단순하고 표준화된 절차로 구성된다. 반면 의료행위는 전문적인 의학 지식과 자격을 갖춘 의료인이 진단과 치료를 목적으로 시행하는 행위를 의미한다.

응급처치와 의료행위의 구분

구분	응급처치 (First Aid)	의료행위 (Medical Treatment)
목적	생명 유지, 출혈 방지, 손상 악화 예방	질병·손상의 진단 및 치료
시행 시점	전문 의료 처치 이전 단계	의료 체계 내에서 시행
시행 주체	일반인, 지도자, 트레이너 등 응급 상황 대응자	의사, 간호사 등 의료 자격 보유자
행위의 성격	임시적·보조적 조치	전문적·치료적 행위
절차의 특징	단순하고 표준화된 방법 중심	의학적 판단과 전문 기술 필요
허용 범위	보호, 고정, 지혈, 안정화, 구조 요청	진단, 처치, 수술, 약물 투여
금지되는 행위	진단 단정, 시술, 약물 투여, 손상 부위 교정	해당 없음(자격 범위 내 수행)
대표적 예	출혈 압박 지혈, 부목 고정, 의식·호흡 확인	골절 정복, 봉합, 주사, 약물 처방
법적 관점	정당한 범위 내에서는 법적 보호 가능	의료법에 따른 면허 행위
핵심 원칙	"치료하지 말고, 보호하고 연결하라"	"진단하고 치료하라"

스포츠 현장에서 응급처치자가 해서는 안 되는 행위에는 정확한 진단을 단정하는 행동, 전문적 처치가 필요한 시술, 약물 투여 등이 포함된다. 예를 들어 골절이 의심되는 상황에서 이를 직접 맞추려 하거나, 내부 손상을 판단하여 치료를 시도하는 것은 응급처치의 범위를 넘어서는 행위이다.

응급처치의 핵심은 "치료하려 하지 말고, 보호하고 연결하라"는 원칙에 있다. 즉, 현장에서 할 수 있는 범위 내에서 상태를 안정시키고, 가능한 한 빠르게 의료 체계로 연계하는 것이 올바른 접근이다. 이러한 인식은 응급처치자를 법적 위험으로부터 보호하는 동시에, 부상자에게 가장 안전한 결과를 제공한다.

4. 사고 보고와 기록

사고 보고와 기록은 응급처치 과정에서 종종 간과되지만, 법적·윤리적 측면에서 매우 중요한 요소이다. 사고가 발생했을 때 어떤 상황에서, 어떤 조치가 이루어졌는지를 명확히 남기는 것은 책임 소재를 분명히 하고, 향후 유사 사고를 예방하는 데 기초 자료로 활용된다.

사고 보고에는 사고 발생 시간과 장소, 사고의 경위, 부상자의 상태, 시행한 응급처치 내용, 구조 요청 및 이송 과정 등이 포함되어야 한다. 이러한 기록은 가능한 한 객관적이고 사실 중심으로 작성되어야 하며, 개인의 추측이나 감정적인 표현은 배제하는 것이 바람직하다.

기록의 목적은 책임을 회피하기 위한 것이 아니라, 투명성과 신뢰를 확보하는 데 있다. 정확한 기록은 지도자와 기관을 보호하는 동시에, 부상자의 권리를 보장하는 역할을 한다. 또한 이러한 기록은 안전 관리 체계를 개선하고, 교육 자료로 활용될 수 있는 중요한 자산이 된다.

윤리적 관점에서 사고 보고와 기록은 책임 있는 스포츠 운영의 필수 요소이다. 사고를 은폐하거나 축소하는 행위는 단기적으로 문제를 피하는 것처럼 보일 수 있으나, 장기적으로는 더 큰 신뢰 상실과 법적 문제를 초래할 수 있다.

응급처치는 기술적 숙련도뿐만 아니라, 법적·윤리적 기준에 대한 이해를 전제로 할 때 비로소 완성된다. 선의의 응급처치 원칙, 지도자의 책임 범위, 응급처치와 의료행위의 구분, 그리고 사고 보고와 기록은 응급상황 대응의 방향을 결정하는 중요한 기준이다. 다음 장에서는 이러한 기준을 바탕으로, 실제 스포츠 현장에서 적용되는 기본 생명 유지와 심폐소생술의 원리를 구체적으로 살펴본다.

Note

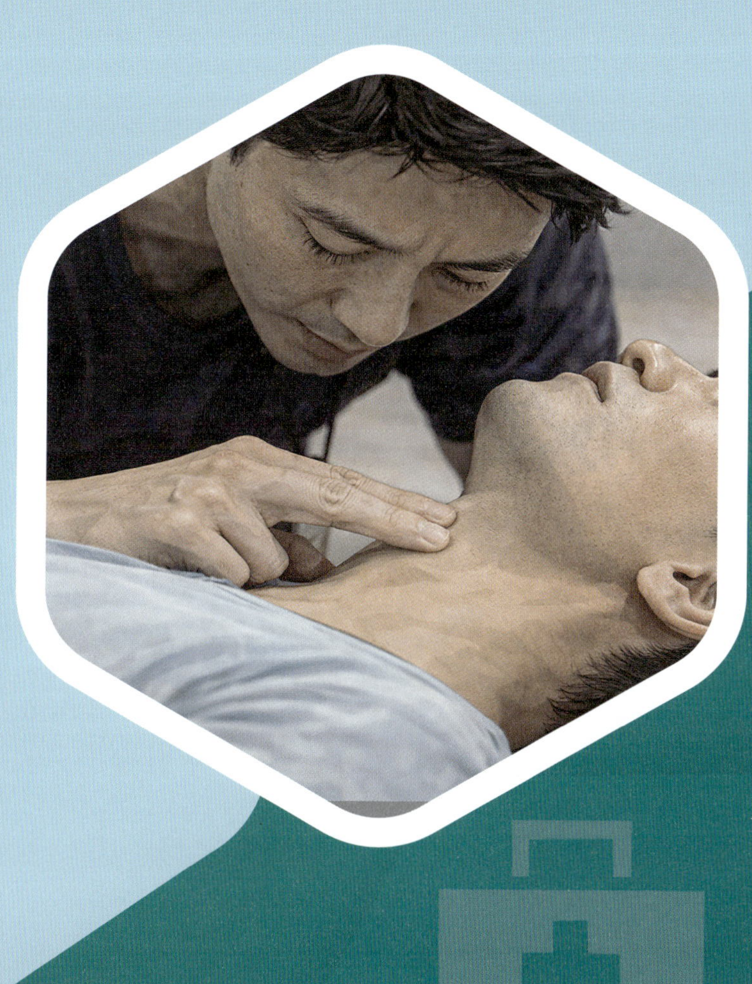

기본 생명 유지(BLS)

이 장에서는 스포츠 현장에서 발생할 수 있는 생명 위급 상황에 대비하여 기본 생명 유지(BLS)의 개념을 이해하고, 기도 확보와 호흡 확인, 순환 평가, 표준화된 생명 유지 절차를 통해 최초 대응자가 수행해야 할 핵심 역할과 행동 순서를 학습한다.

기본 생명 유지(Basic Life Support, BLS)는 응급상황에서 전문 의료 처치 이전에 시행되는 가장 핵심적인 생명 보호 활동이다. 스포츠 현장은 갑작스러운 충돌, 과도한 신체 부하, 환경 요인 등으로 인해 생명을 위협하는 상황이 발생할 가능성이 존재하며, 이때 최초 대응자의 행동은 생존 여부를 결정짓는 중요한 변수가 된다. 기본 생명 유지는 복잡한 의료 기술이 아니라, 호흡과 순환이라는 생명의 최소 조건을 유지하기 위한 표준화된 절차로 이해되어야 한다. 이 장에서는 생명 유지의 기본 개념을 시작으로, 기도 확보와 호흡 확인, 순환 평가, 그리고 실제 생명 유지 절차를 단계적으로 살펴본다.

1. 생명 유지의 기본 개념

생명 유지란 인간이 생존하기 위해 반드시 필요한 생리적 기능을 유지하거나 회복시키는 모든 조치를 의미한다. 그 중심에는 호흡과 순환이 있으며, 이 두 기능이 정상적으로 유지될 때 뇌와 주요 장기는 산소와 영양분을 공급받을 수 있다. 반대로 호흡이나 순환이 중단될 경우, 수 분 내에 뇌 손상이 시작되고 생명은 심각한 위협을 받게 된다.

기본 생명 유지는 이러한 생리적 원리를 토대로, 누구나 일정 수준의 교육을 통해 수행할 수 있도록 단순화된 대응 체계이다. 이는 전문 의료인의 고급 처치와 구별되며, 응급상황에서 시간을 벌고 생명을 지키기 위한 최소한의 행동 기준을 제시한다. 스포츠 현장에서 기본 생명 유지의 중요성은 특히 크다. 경기나 훈련 중 발생하는 갑작스러운 심정지, 호흡 곤란, 의식 소실은 예고 없이 발생하며, 현장에 의료진이 상주하지 않는 경우가 많기 때문이다.

따라서 기본 생명 유지에 대한 이해는 특정 직군이나 전문가만의 영역이 아니라, 지도자와 선수, 일반 스포츠 참여자 모두가 갖추어야 할 필수 안전 역량으로 인식되어야 한다.

2. 기도 확보와 호흡 확인

기본 생명 유지에서 가장 먼저 확인해야 할 요소는 기도와 호흡이다. 기도는 공기가 폐로 드나드는 통로이며, 기도가 막히거나 유지되지 않으면 정상적인 호흡은 불가능하다. 응급상황에서는 혀의 이완, 이물질, 외상 등으로 인해 기도가 쉽게 폐쇄될 수 있다.

기도 확보는 공기가 자유롭게 이동할 수 있도록 통로를 열어주는 과정이다. 의식이 없는 상태에서는 혀가 뒤로 처지면서 기도를 막는 경우가 많아, 머리와 턱의 위치를 조정하여 기도를 열어주는 조치가 필요하다. 다만 외상, 특히 척추

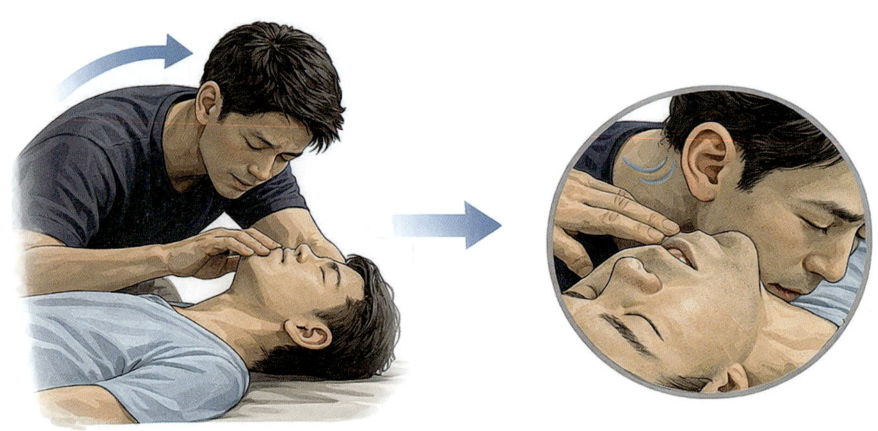

기도확보와 호흡확인

손상이 의심되는 경우에는 과도한 움직임을 피하고, 기도 확보와 안전 사이의 균형을 신중히 고려해야 한다.

기도가 확보되었다면 다음 단계는 호흡 확인이다. 이는 단순히 숨을 쉬는지 여부를 확인하는 것이 아니라, 호흡이 생명 유지에 충분한지 평가하는 과정이다. 호흡의 유무와 함께 호흡의 규칙성, 깊이, 비정상적인 소리 여부 등을 관찰해야 한다. 정상적인 호흡이 이루어지지 않는 경우, 이는 즉각적인 생명 유지 조치가 필요한 신호로 받아들여야 한다.

호흡 확인은 짧은 시간 안에 이루어져야 하며, 이 단계에서의 판단 지연은 생존 가능성을 크게 낮출 수 있다. 따라서 응급대응자는 침착함을 유지하면서도 신속하게 기도와 호흡 상태를 평가하는 능력을 갖추어야 한다.

3. 순환 평가

호흡과 더불어 생명 유지에서 중요한 또 하나의 요소는 순환이다. 순환은 심장의 박동을 통해 혈액이 전신으로 공급되는 과정을 의미하며, 이를 통해 산소와 영양분이 각 조직에 전달된다.

순환 평가는 심장이 정상적으로 기능하고 있는지를 간접적으로 확인하는 과정이다. 응급상황에서는 맥박 확인, 피부색과 온도, 의식 상태 변화 등을 통해 순환 상태를 평가한다. 특히 의식이 없고 호흡이 비정상적인 경우, 순환이 중단되었을 가능성을 염두에 두어야 한다.

대량 출혈은 순환 기능을 급격히 저하시킬 수 있는 주요 원인 중 하나이다. 출혈이 지속될 경우, 심장이 정상적으로 뛰고 있더라도 혈액량 감소로 인해 조직에 충분한 산소 공급이 이루어지지 않는다. 따라서 순환 평가는 심장 기능뿐만 아니라, 출혈 여부와 그 정도를 함께 고려해야 한다.

순환 평가의 목적은 정확한 의학적 진단이 아니라, 즉각적인 생명 위협 요인을 발견하는 데 있다. 이 단계에서 순환 이상이 의심된다면, 이후의 모든 응급 처치 우선순위는 생명 유지에 맞추어 조정되어야 한다.

4. 생명 유지 절차

기본 생명 유지 절차는 응급상황에서 일관되게 적용할 수 있도록 표준화된 흐름을 따른다. 이는 현장의 혼란 속에서도 응급대응자가 올바른 판단을 내릴

기본 생명 유지(Basic Life Support, BLS) 절차 도표

단계	절차 구분	핵심 내용	주요 확인 사항
1단계	현장 안전 확인	응급처치 전 주변 환경의 위험 요소를 제거하고 접근	2차 사고 위험, 충돌·낙상·기구·차량 등
2단계	의식 확인	부상자에게 말 걸기, 가벼운 자극으로 반응 확인	반응 유무, 혼돈·기억 상실 여부
3단계	기도 확보	기도가 막히지 않도록 머리·턱 위치 조정	혀 처짐, 이물질, 외상 여부
4단계	호흡 확인	호흡의 존재와 질을 신속히 평가	호흡 유무, 규칙성, 깊이, 이상 호흡음
5단계	순환 평가	혈액 순환 상태를 간접적으로 확인	맥박, 피부색·온도, 의식 변화
6단계	생명 유지 판단	생명 위협 여부에 따라 대응 방향 결정	무호흡, 순환 이상, 의식 소실
7단계	도움 요청	주변인 및 구조 체계에 즉시 도움 요청	119 신고, AED 요청, 역할 분담
8단계	생명 유지 조치	호흡·순환 보조 중심의 대응으로 전환	상태 변화 지속 관찰
9단계	의료 연계	전문 의료 체계로의 이송 준비	상태 전달, 안전한 자세 유지

수 있도록 돕는 행동의 틀이다.

생명 유지 절차는 먼저 현장의 안전을 확인한 뒤, 의식 상태를 평가하고, 기도 확보와 호흡 확인을 수행하는 것으로 시작된다. 호흡이 정상적이지 않거나 없는 경우에는 즉시 생명 유지 조치가 필요하며, 이 과정에서 도움을 요청하고 구조 체계를 가동하는 것이 병행되어야 한다.

순환에 문제가 있다고 판단되는 경우에는 생명 유지 절차의 중심은 호흡과 순환을 보조하는 방향으로 전환된다. 이 단계에서의 조치는 이후 심폐소생술과 같은 보다 구체적인 생명 유지 기술로 이어진다. 중요한 점은 생명 유지 절차가 단절된 행동이 아니라, 연속적이고 단계적인 과정이라는 것이다.

기본 생명 유지 절차의 핵심은 완벽함이 아니라 신속성과 일관성이다. 제한된 시간과 환경 속에서 정확한 판단을 내리고, 할 수 있는 범위 내에서 즉각적인 조치를 취하는 것이 생존 가능성을 높이는 가장 중요한 요소이다.

기본 생명 유지는 응급처치의 출발점이자, 생명 보호의 가장 기본적인 틀이다. 스포츠 현장에서 이러한 절차를 숙지하고 반복적으로 훈련하는 것은 단순한 기술 습득을 넘어, 생명에 대한 책임 있는 태도를 형성하는 과정이라 할 수 있다. 다음 장에서는 기본 생명 유지의 핵심 요소 중 하나인 심폐소생술(CPR)을 중심으로, 실제 적용 방법과 주의사항을 보다 구체적으로 다룬다.

Note

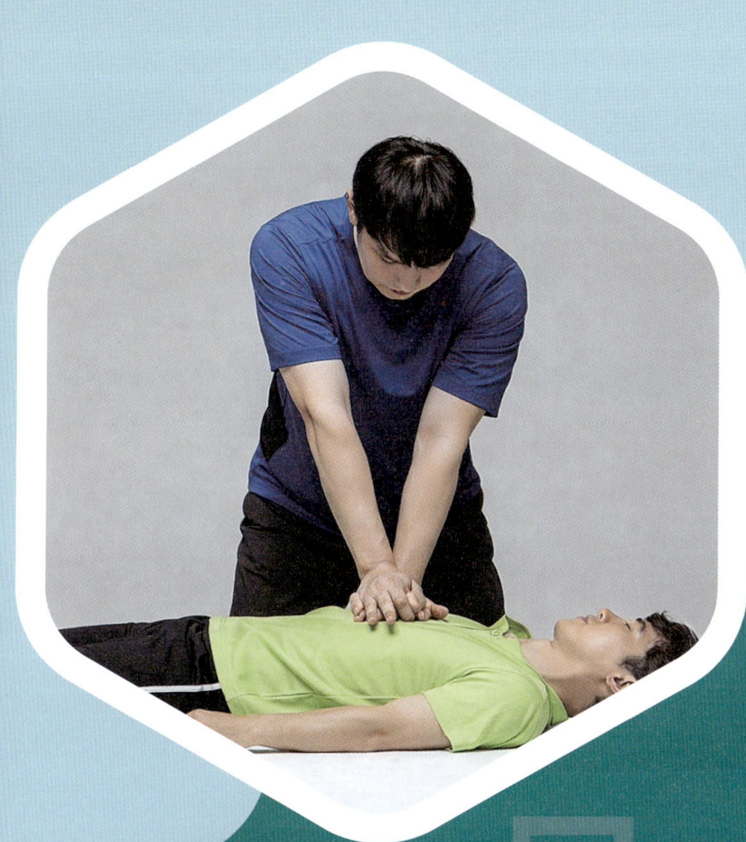

심폐소생술(CPR)

이 장에서는 심정지 상황에서 생명을 유지하기 위한 핵심 기술인 심폐소생술(CPR)의 원리를 이해하고, 성인과 소아·유아의 차이를 바탕으로 가슴 압박과 인공호흡의 올바른 방법, 그리고 실제 현장에서 적용할 때의 주의사항을 학습한다.

심폐소생술(Cardiopulmonary Resuscitation, CPR)은 심장과 호흡이 정지되었거나 심각하게 저하된 상태에서 시행하는 가장 핵심적인 생명 유지 기술이다. 심정지가 발생하면 뇌는 수 분 내에 회복 불가능한 손상을 입기 시작하며, 전문 의료 처치가 도착하기 전까지의 초기 대응이 생존과 예후를 좌우한다. 스포츠 현장은 고강도 신체 활동과 예기치 못한 사고가 결합되어 심정지 위험이 존재하는 환경이므로, CPR에 대한 이해와 숙련은 지도자와 참여자 모두에게 필수적이다. 이 장에서는 성인과 소아·유아의 심폐소생술 특성을 구분하여 설명하고, 가슴 압박과 인공호흡의 원리, 실습 시 주의사항을 다룬다.

1. 성인 심폐소생술

성인 심폐소생술은 주로 심장 문제로 인한 심정지를 염두에 두고 설계된 절차이다. 성인의 경우 심정지는 갑작스럽게 발생하는 경우가 많으며, 즉각적인 가슴 압박이 생존율 향상에 결정적인 역할을 한다.

성인 CPR의 핵심은 지속적이고 효과적인 가슴 압박이다. 가슴 압박은 심장이 스스로 펌프 기능을 수행하지 못하는 상황에서 외부에서 인위적으로 혈액 순환을 유지하기 위한 조치이다. 압박을 통해 최소한의 혈류를 뇌와 심장에 공급함으로써, 전문 치료가 시작될 때까지 생명을 유지하는 시간을 벌 수 있다.

성인 CPR에서는 압박의 깊이와 속도, 그리고 중단 없이 지속하는 것이 매우 중요하다. 압박이 너무 약하거나 불규칙할 경우 충분한 혈류를 만들어내지 못하며, 잦은 중단은 순환 효과를 크게 떨어뜨린다. 따라서 성인 CPR에서는 정확한 위치와 리듬을 유지한 가슴 압박이 중심이 되며, 인공호흡은 상황과 환경

단계	절차	핵심 내용	현장 행동 기준
1단계	현장 안전 확인	구조자와 환자 모두에게 위험 요소가 없는지 확인	안전 확보 전 접근 금지
2단계	반응 확인	어깨를 두드리며 큰 소리로 반응 여부 확인	"괜찮으세요?"
3단계	도움 요청	주변에 도움 요청, 119 신고 및 AED 요청	구체적으로 지목하여 요청
4단계	호흡 확인	정상적인 호흡 여부를 10초 이내로 확인	비정상 호흡 = 심정지로 간주
5단계	가슴 압박 시작	흉부 중앙을 강하고 빠르게 압박	깊이 5~6cm, 분당 100~120회
6단계	가슴 압박 30회	양팔을 곧게 펴고 체중을 실어 압박	압박 중단 최소화
7단계	인공호흡 2회	기도 확보 후 1초간 흉부 상승 확인	호흡 곤란 시 생략 가능
8단계	30:2 반복	가슴 압박 30회 + 인공호흡 2회 반복	구조대 도착 전까지 지속

에 따라 보조적으로 시행된다.

스포츠 현장에서 성인 CPR의 중요성은 특히 강조된다. 겉으로 건강해 보이는 성인이라 하더라도, 과도한 운동 부하나 기존의 잠재적 심장 질환으로 인해 갑작스러운 심정지가 발생할 수 있기 때문이다. 이때 최초 대응자의 즉각적인 CPR 시행 여부는 생존 가능성을 크게 좌우한다.

2. 소아·유아 심폐소생술

소아와 유아의 심폐소생술은 성인과 기본 원리는 동일하지만, 발생 원인과 신체적 특성의 차이로 인해 적용 방식에서 중요한 차이를 보인다. 소아·유아의 심정지는 심장 자체의 문제보다는 호흡 문제에서 시작되는 경우가 상대적으로 많다.

소아·유아의 신체는 성인에 비해 작고 연약하며, 흉곽의 탄성도 다르다. 따라서 가슴 압박의 강도와 깊이는 성인 CPR과 동일하게 적용될 수 없다. 과도한 압박은 오히려 내부 장기 손상을 유발할 수 있으므로, 연령과 체격에 맞춘 조절이 필요하다.

또한 소아·유아 CPR에서는 인공호흡의 중요성이 상대적으로 크다. 호흡 부전으로 인해 산소 공급이 차단된 경우가 많기 때문에, 적절한 호흡 보조가 생명 유지에 결정적인 역할을 한다. 이는 성인 CPR에서 가슴 압박이 강조되는 것과 대비되는 특징이다.

스포츠 활동이나 놀이 중 발생하는 소아·유아 응급상황은 보호자나 지도자가 최초 대응자가 되는 경우가 대부분이다. 따라서 소아·유아 CPR에 대한 기본적인 이해는 유소년 스포츠 지도자와 교육 종사자에게 특히 중요한 안전 역량으로 요구된다.

3. 가슴 압박과 인공호흡

가슴 압박과 인공호흡은 심폐소생술의 두 축으로, 각각 순환과 산소 공급을 담당한다. 이 두 요소는 독립적으로 작용하는 것이 아니라, 생명 유지를 위해 상호 보완적으로 기능한다.

가슴 압박의 목적은 심장을 직접 움직이게 하는 것이 아니라, 흉곽 내 압력을 변화시켜 혈액이 순환하도록 돕는 데 있다. 이를 위해서는 정확한 위치에서 충분한 깊이와 일정한 속도로 압박을 지속해야 한다. 압박 후에는 가슴이 완전히

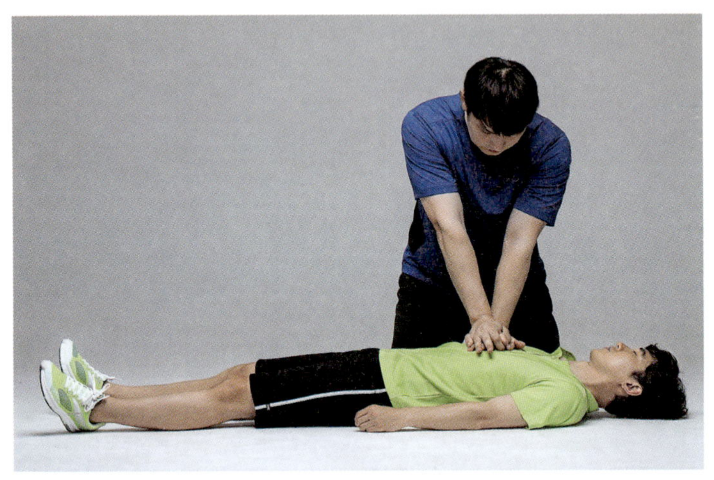

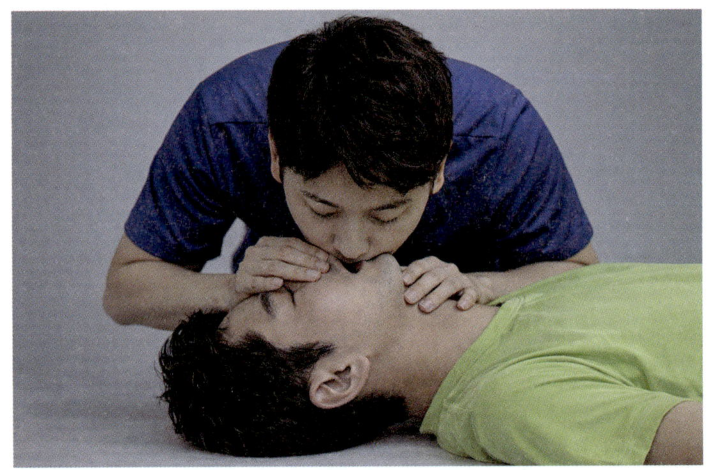

가슴 압박과 인공호흡

이완되도록 하여 혈액이 다시 심장으로 돌아올 수 있는 시간을 확보하는 것도 중요하다.

인공호흡은 폐로 공기를 불어넣어 혈액에 산소를 공급하는 역할을 한다. 그러나 과도한 호흡은 위로 공기가 들어가 구토나 흡인의 위험을 증가시킬 수 있으며, 이는 오히려 상태를 악화시킬 수 있다. 따라서 인공호흡은 필요한 경우에한해, 적절한 양과 속도로 시행되어야 한다.

현대 CPR 교육에서는 상황에 따라 가슴 압박 중심의 접근이 강조되기도 하지만, 이는 인공호흡의 중요성을 부정하는 것이 아니다. 환경, 구조자의 능력, 환자의 연령과 상태를 종합적으로 고려하여 가장 적절한 방법을 선택하는 것이 핵심이다.

4. CPR 실습과 주의사항

심폐소생술은 이론적 이해만으로는 충분하지 않으며, 반복적인 실습을 통해 몸에 익혀야 하는 기술이다. 실제 응급상황에서는 긴장과 혼란으로 인해 알고 있던 지식이 제대로 실행되지 않는 경우가 많기 때문이다.

CPR 실습에서는 정확한 자세와 동작을 반복적으로 연습하는 것이 중요하다. 특히 가슴 압박의 위치, 깊이, 속도는 눈으로만 이해해서는 체득하기 어렵기 때문에, 실습을 통해 감각적으로 익혀야 한다. 또한 팀 기반 실습을 통해 역할 분담과 교대의 중요성도 함께 학습할 필요가 있다.

주의해야 할 점은 CPR이 만능 해결책이 아니라는 사실이다. CPR은 생명을 유지하기 위한 임시적 조치이며, 가능한 한 빠른 구조 요청과 전문 의료 연계가 병행되어야 한다. 또한 구조자는 자신의 안전을 우선적으로 고려해야 하며, 위험한 환경에서 무리하게 CPR을 시도해서는 안 된다.

윤리적 측면에서도 CPR 실습과 시행에는 존중과 책임이 요구된다. 부상자의 신체를 다루는 과정에서 불필요한 노출이나 부적절한 행동이 발생하지 않도록 주의해야 하며, 가능한 한 주변의 협조를 구해 상황을 관리하는 태도가 필요하다.

심폐소생술은 스포츠 현장에서 생명을 지키는 가장 직접적이고 결정적인 기술이다. 성인과 소아·유아의 특성을 이해하고, 가슴 압박과 인공호흡의 원리를 숙지하며, 반복적인 실습을 통해 자신감을 갖출 때 CPR은 실제 상황에서 의미를 갖는다. 다음 장에서는 CPR과 함께 활용되는 자동심장충격기(AED)의 원리와 적용 방법을 중심으로, 스포츠 현장의 생명 유지 체계를 완성해 나가게 된다.

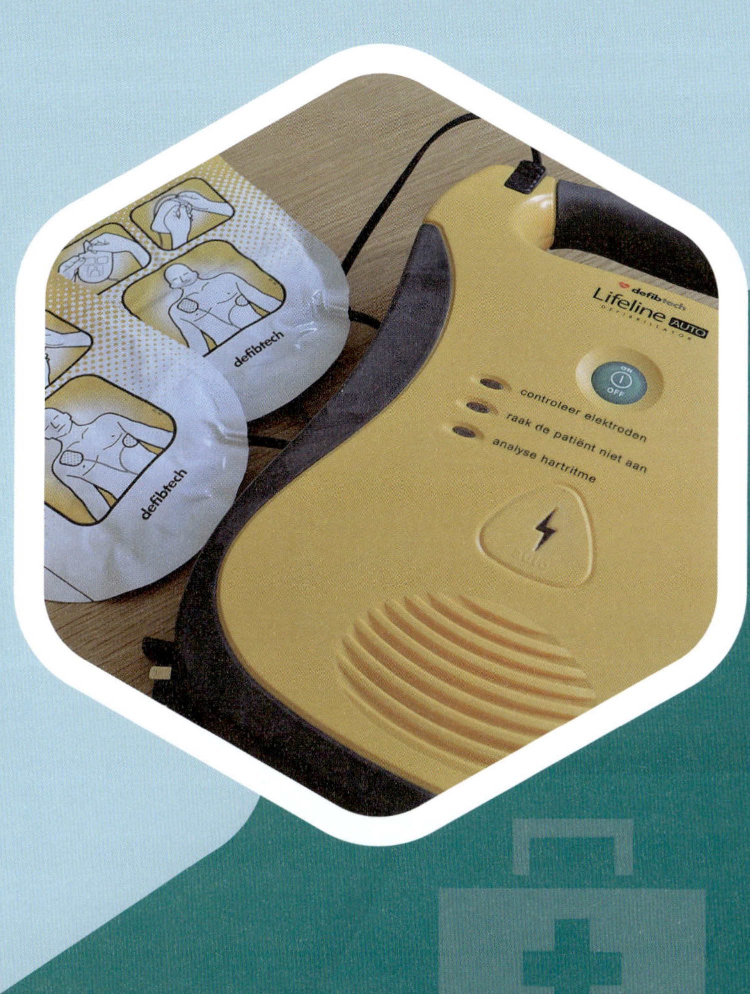

자동심장충격기(AED)

이 장에서는 자동심장충격기(AED)의 작동 원리와 사용 절차를 이해하고, 스포츠 현장에서 AED를 신속하고 안전하게 적용하기 위한 준비·활용·관리의 핵심 사항을 학습한다.

자동심장충격기(Automated External Defibrillator, AED)는 심정지 환자의 생존 가능성을 획기적으로 높이는 핵심 장비이다. 심정지의 원인 중 상당수는 심장의 전기적 활동 이상으로 발생하며, 이 경우 약물이나 일반적인 응급처치만으로는 회복이 어렵다. AED는 이러한 상황에서 심장의 전기적 리듬을 분석하고, 필요한 경우 전기 충격을 통해 정상적인 박동을 회복시키는 역할을 수행한다. 스포츠 현장은 갑작스러운 심정지가 발생할 수 있는 환경이므로, AED의 원리와 사용 방법에 대한 이해는 응급대응 체계의 필수 요소이다.

1. AED의 원리

AED의 기본 원리는 심장의 전기적 리듬 분석과 교정에 있다. 심장은 전기 신호에 의해 규칙적으로 수축과 이완을 반복하며 혈액을 순환시킨다. 그러나 특정 상황에서는 이 전기 신호가 혼란에 빠지면서 심장이 효과적으로 펌프 기능을 수행하지 못하는 상태가 발생할 수 있다.

이러한 비정상적인 상태 중 대표적인 것이 심실세동과 무맥성 심실빈맥이다. 이 경우 심장은 떨리듯 무질서하게 움직이거나, 매우 빠르게 움직이지만 실질적인 혈액 순환을 만들어내지 못한다. AED는 환자의 흉부에 부착된 패드를 통해 심장의 전기 활동을 자동으로 분석하고, 이러한 치명적인 리듬이 감지될 경우 전기 충격이 필요한지를 판단한다.

AED가 제공하는 전기 충격의 목적은 심장을 '다시 뛰게 하는 것'이 아니라, 무질서한 전기 활동을 일시적으로 멈추게 하여 정상적인 리듬이 다시 시작될 기회를 제공하는 것이다. 따라서 AED는 모든 심정지 상황에서 효과적인 것은 아니며, 특정 전기적 이상이 있을 때만 충격을 권고한다. 이러한 판단을 기계가 자동으로 수행하기 때문에, AED는 의료인이 아닌 일반인도 비교적 안전하게 사용할 수 있도록 설계되어 있다.

2. 사용 절차

AED 사용 절차는 응급상황에서 혼란을 최소화하기 위해 단순하고 직관적인 단계로 구성되어 있다. 대부분의 AED는 전원을 켜는 순간부터 음성 안내나 시각적 지시를 통해 사용자를 안내한다.

먼저, 환자가 의식이 없고 정상적인 호흡이 없는 상태임을 확인한 후, 즉시 AED를 준비한다. AED가 도착하면 전원을 켜고, 환자의 흉부를 노출시켜 패

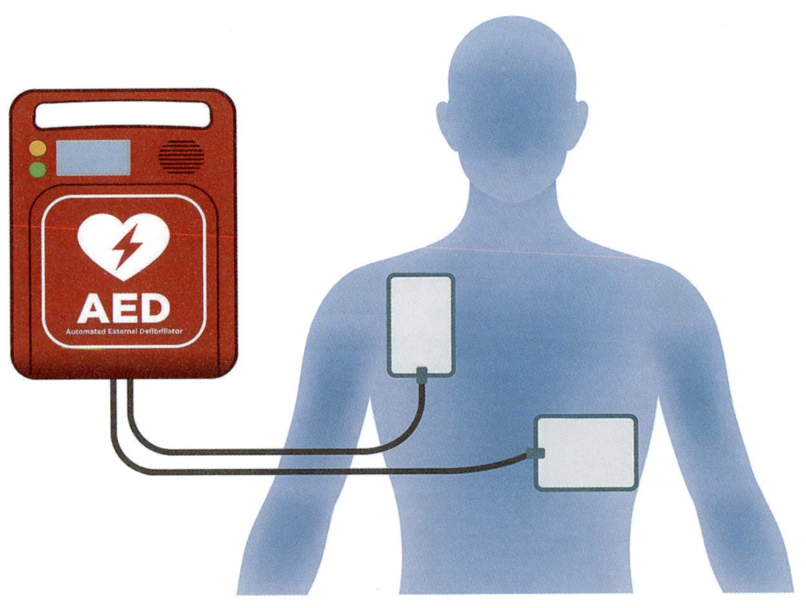

드를 부착한다. 패드는 일반적으로 하나는 오른쪽 쇄골 아래, 다른 하나는 왼쪽 옆구리 아래에 부착하도록 설계되어 있으며, 이는 심장을 가로지르는 전기 흐름을 만들기 위함이다.

패드가 부착되면 AED는 자동으로 심장 리듬 분석을 시작한다. 이때 환자에게 접촉하지 않는 것이 매우 중요하다. 분석 결과 전기 충격이 필요하다고 판단되면, AED는 충격 버튼을 누르도록 지시하거나 자동으로 충격을 전달한다. 충격 후에는 즉시 심폐소생술을 재개하도록 안내가 이어진다.

AED 사용 절차에서 중요한 점은, 기계의 지시를 신뢰하고 순서를 따르는 것이다. AED는 충격이 필요하지 않은 경우 충격을 허용하지 않도록 설계되어 있어, 사용자의 실수로 불필요한 충격이 가해질 가능성은 매우 낮다. 따라서 주저하거나 두려워하기보다, 신속하게 AED를 사용하는 것이 생존 가능성을 높이는 핵심 행동이다.

3. 스포츠 현장 적용

스포츠 현장에서 AED의 적용은 이론적 지식보다 사전 준비와 신속한 접근성에 의해 좌우된다. 심정지는 갑작스럽게 발생하며, 발생 후 수 분 이내에 제세동이 이루어질수록 생존율은 급격히 높아진다. 반대로 AED 접근이 지연될수록 생존 가능성은 빠르게 감소한다.

스포츠 현장에서 AED 적용의 핵심은 '누가, 어디서, 어떻게 사용할 것인가'에 대한 명확한 계획이다. 경기장, 체육관, 훈련장 등에는 AED 위치가 명확히 표시되어 있어야 하며, 지도자와 관계자는 해당 위치를 숙지하고 있어야 한다. 또한 응급상황 발생 시 CPR과 AED 사용이 동시에 이루어질 수 있도록 역할

분담이 사전에 정해져 있는 것이 바람직하다.

스포츠 현장에서의 AED 사용은 심리적 장벽이 문제로 작용하는 경우가 많다. "내가 사용해도 되는가"라는 망설임은 치명적인 지연으로 이어질 수 있다. 그러나 AED는 일반인을 위한 장비이며, 스포츠 현장에서는 의료진이 도착하기 전까지 가장 효과적인 생명 유지 수단이다. 따라서 AED 사용에 대한 반복적인 교육과 모의 훈련은 필수적이다.

4. AED 관리와 점검

AED는 응급 상황에서만 사용되는 장비이기 때문에, 평소 관리와 점검이 소홀해지기 쉽다. 그러나 장비가 정상적으로 작동하지 않는다면, 응급 상황에서 아무런 역할도 수행할 수 없다.

AED 관리의 기본은 정기적인 점검이다. 전원 상태, 배터리 잔량, 패드의 유효기간과 밀봉 상태는 반드시 확인되어야 한다. 대부분의 AED는 자체 점검 기능을 갖추고 있어 이상이 발생할 경우 표시등이나 경고음을 통해 알려주지만, 이를 인지하고 조치하는 것은 관리자의 책임이다.

또한 AED는 접근성과 가시성이 확보된 장소에 설치되어야 하며, 잠금이나 접근 제한은 응급 대응을 지연시킬 수 있다. 장비 주변에는 사용 방법이 간단히 안내되어 있어야 하고, 누구나 쉽게 가져갈 수 있는 상태가 유지되어야 한다.

관리 측면에서 중요한 또 하나의 요소는 사람에 대한 관리이다. 아무리 좋은 장비가 있어도 사용법을 아는 사람이 없다면 의미가 없다. 따라서 정기적인 교육과 훈련을 통해 AED 사용 경험을 축적하고, 실제 상황에서도 침착하게 대응할 수 있는 환경을 조성해야 한다.

자동심장충격기는 심폐소생술과 결합될 때 가장 큰 효과를 발휘한다. AED 는 생명을 되살리는 '기적의 장비'가 아니라, 준비된 현장과 교육받은 사람이 있을 때 비로소 힘을 발휘하는 도구이다. 스포츠 현장에서 AED의 원리와 사용 절차, 적용 전략, 관리 체계를 이해하는 것은 응급처치 교육의 완성이라 할 수 있다. 다음 장에서는 스포츠 현장에서 자주 발생하는 손상 유형별 응급처치를 중심으로, 보다 구체적인 대응 방법을 다루게 된다.

Note

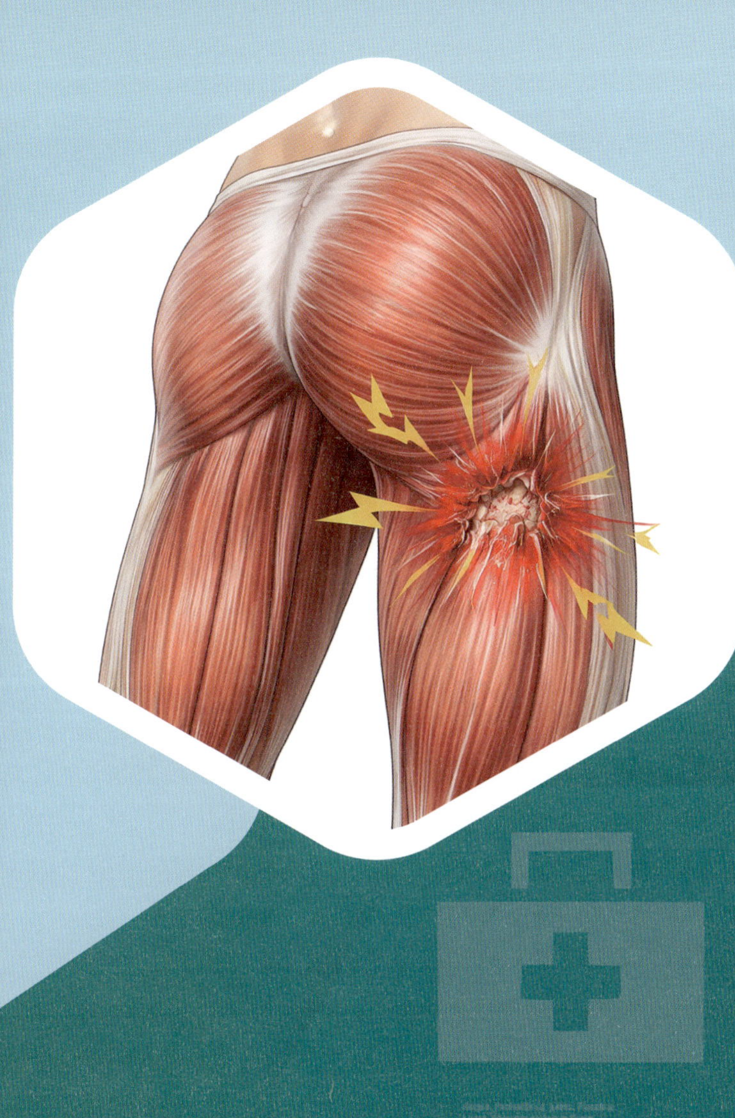

연부조직 손상

이 장에서는 스포츠 활동 중 가장 흔히 발생하는 연부 조직 손상의 유형인 근육, 인대, 힘줄 손상의 특징을 이해하고, 손상 발생 시 악화를 막기 위한 급성기 응급처치의 기본 원칙을 학습한다.

연부조직 손상은 스포츠 활동 중 가장 빈번하게 발생하는 상해 유형으로, 근육, 인대, 힘줄과 같은 비골격성 조직에 발생하는 손상을 의미한다. 이러한 손상은 외형상 경미해 보이는 경우가 많지만, 초기 대응이 부적절할 경우 회복이 지연되거나 만성화되어 장기적인 기능 저하로 이어질 수 있다. 특히 연부조직은 반복적인 사용과 과부하에 취약하기 때문에, 스포츠 현장에서 손상의 기전과 특성을 이해하고 적절한 급성기 응급처치를 시행하는 것이 매우 중요하다.

1. 근육 좌상과 파열

근육 좌상(strain)은 근육 섬유가 과도하게 늘어나거나 미세하게 손상된 상태를 의미하며, 스포츠 활동 중 가장 흔히 발생하는 연부조직 손상 중 하나이다. 이는 급격한 가속과 감속, 방향 전환, 점프와 착지 과정에서 주로 발생하며, 특히 충분한 준비운동 없이 고강도 움직임을 수행할 때 위험이 증가한다.

근육 파열은 좌상이 심화된 형태로, 근육 섬유가 부분적으로 또는 완전히 끊어진 상태를 말한다. 파열이 발생하면 통증이 즉각적으로 나타나며, 손상 부위의 근력 저하와 기능 제한이 동반된다. 심한 경우에는 근육 수축이 거의 불가능해지고, 출혈과 부종이 뚜렷하게 관찰된다.

근육 손상의 특징은 손상 정도에 따라 증상이 다양하게 나타난다는 점이다. 경미한 좌상의 경우 운동 후에만 불편감이 느껴지기도 하여, 단순한 피로로 오인되기 쉽다. 그러나 이러한 상태에서 휴식 없이 운동을 지속할 경우, 손상은 점차 확대되어 파열로 이어질 가능성이 높다. 따라서 통증의 강도뿐 아니라, 움직임 중 통증의 변화와 기능 제한 여부를 종합적으로 관찰하는 것이 중요하다.

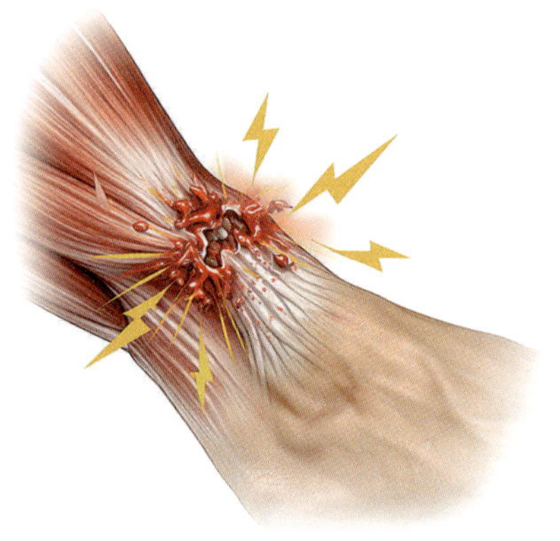
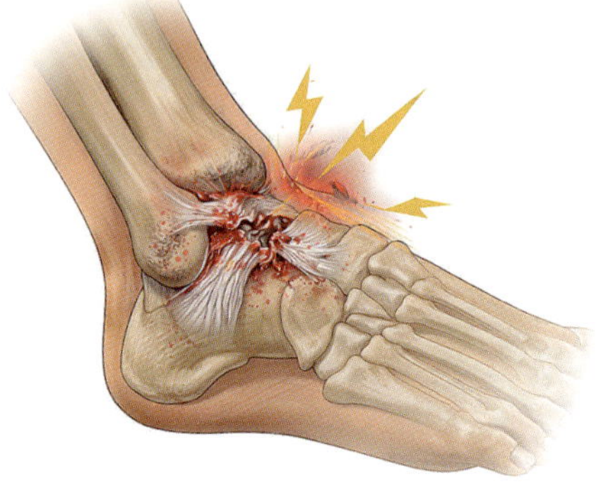

근육과 힘줄의 좌상   인대의 염좌

좌상(strain)과 염좌(sprain)

2. 인대 염좌

인대 염좌(sprain)는 관절을 안정시키는 인대가 정상적인 가동 범위를 넘어 늘어나거나 찢어진 상태를 의미한다. 스포츠 현장에서 특히 발목과 무릎에서 자주 발생하며, 급격한 방향 전환이나 착지 실패, 접촉 사고가 주요 원인으로 작용한다.

염좌가 발생하면 손상 부위의 통증과 함께 부종이 빠르게 나타나며, 관절의 불안정감이 동반될 수 있다. 초기에는 단순한 뻠 정도로 인식되어 활동을 지속하는 경우가 많지만, 이는 손상 부위를 더욱 불안정하게 만들어 회복을 지연시키고 재손상 위험을 높인다.

인대 손상의 중요한 특징은 회복 속도가 상대적으로 느리다는 점이다. 인대는 혈류 공급이 제한적인 조직이기 때문에, 충분한 휴식과 보호가 이루어지지 않으면 만성 불안정성으로 이어질 수 있다. 이러한 상태는 운동 수행 능력을 저하시킬 뿐만 아니라, 장기적으로 관절 퇴행성 변화의 위험을 증가시킨다.

3. 힘줄 손상

힘줄 손상은 근육과 뼈를 연결하는 힘줄에 발생하는 손상으로, 반복적인 사용과 과도한 부하가 주요 원인이다. 힘줄 손상은 급성으로 발생하기도 하지만, 대부분은 장기간의 미세 손상이 누적되어 점진적으로 나타난다.

연부조직 손상의 유형별 정리

구분	근육 좌상·파열 (Strain / Tear)	인대 염좌 (Sprain)	힘줄 손상 (Tendinopathy / Tear)
손상 조직	근육 섬유	인대(관절 안정 구조)	힘줄(근육 - 뼈 연결 구조)
정의	근육이 과도하게 늘어나거나 찢어진 상태	인대가 정상 가동 범위를 넘어 늘어나거나 파열된 상태	반복적 사용 또는 과부하로 힘줄에 발생한 손상
주요 발생 상황	급가속·급감속, 방향 전환, 점프·착지	착지 실패, 접촉 사고, 급격한 방향 전환	반복 동작, 과사용, 장기간 부하
발생 양상	급성 손상 빈번	급성 손상 중심	급성 + 만성 누적 손상
주요 증상	통증, 근력 저하, 기능 제한, 부종·출혈	통증, 빠른 부종, 관절 불안정감	동작 시 통증, 운동 후 통증 지속
손상 정도에 따른 특징	경미: 불편감 중등도: 통증·근력 저하 중증: 수축 불가	경미: 통증 중심 중등도: 부종·불안정 중증: 관절 기능 상실	초기: 활동 가능 진행: 만성 통증·기능 저하
오인 가능성	근육 피로로 오인	단순 '삠'으로 인식	휴식 시 통증 감소로 방치
회복 특성	적절한 휴식 시 비교적 회복 빠름	혈류 부족 → 회복 느림	부하 지속 시 만성화 위험 높음
주요 위험성	재손상 시 파열로 진행	만성 관절 불안정성	힘줄 파열로 진행 가능
현장 대응 핵심	즉각적 활동 중단 및 보호	조기 보호·고정, 재손상 예방	조기 인식, 부하 조절 필수

힘줄 손상의 초기에는 특정 동작 시 통증이 나타나거나, 운동 후 통증이 지속되는 형태로 시작된다. 이러한 증상은 휴식 시 감소하는 경향이 있어 대수롭지 않게 여겨질 수 있으나, 반복적인 자극이 계속되면 염증과 조직 변성이 진행되어 만성 통증으로 발전한다.

힘줄 손상의 위험성은 통증이 있음에도 불구하고 일정 수준의 운동 수행이 가능하다는 점에 있다. 이로 인해 손상이 악화될 때까지 활동이 지속되는 경우가 많으며, 심한 경우 힘줄 파열로 이어질 수 있다. 따라서 힘줄 손상은 조기 인식과 부하 조절이 특히 중요한 연부조직 손상 유형이다.

4. 급성기 응급처치

연부조직 손상이 발생했을 때의 급성기 응급처치는 손상의 범위를 제한하고 회복 환경을 조성하는 데 핵심적인 역할을 한다. 급성기란 손상 직후부터 초기 염증 반응이 진행되는 시기를 의미하며, 이 시기의 대응은 이후 회복 과정에 큰 영향을 미친다.

급성기 응급처치의 기본 원칙은 손상 부위를 보호하고, 추가 손상을 방지하며, 통증과 부종을 조절하는 데 있다. 손상 부위의 즉각적인 사용 중단과 안정은 가장 기본적인 조치이며, 무리한 움직임은 손상 범위를 확대시킬 수 있다.

부종과 통증이 동반되는 경우, 손상 부위를 심장보다 약간 높게 유지하고 외부 압박을 적절히 적용하는 것이 도움이 될 수 있다. 이러한 조치는 조직 내 출혈과 부종을 줄이는 데 기여한다. 다만 과도한 압박은 혈류를 방해할 수 있으므로 주의가 필요하다.

급성기 응급처치의 중요한 원칙 중 하나는 무리한 판단이나 처치를 피하는 것이다. 손상의 정확한 정도는 전문적인 평가 없이는 알기 어렵기 때문에, 현장에서의 응급처치는 상태를 안정시키는 데 초점을 맞추어야 한다. 통증이 심하거나 기능 제한이 뚜렷한 경우에는 지체 없이 의료 평가로 연계하는 것이 바람직하다.

연부조직 손상은 스포츠 활동에서 피하기 어려운 상해이지만, 그 결과는 초기 대응에 따라 크게 달라진다. 근육, 인대, 힘줄 손상의 특성을 이해하고, 급성기 응급처치의 원칙을 충실히 적용하는 것은 상해의 악화를 막고 안전한 회복으로 이어지는 중요한 출발점이다. 다음 장에서는 골과 관절에 발생하는 손상을 중심으로, 보다 구조적인 상해 유형과 그에 따른 응급처치 방법을 다루게 된다.

Note

골·관절 손상

이 장에서는 스포츠 현장에서 발생할 수 있는 골절, 탈구, 관절 손상의 특징과 주요 증상을 이해하고, 손상 악화를 막기 위한 부목 고정과 안전한 이동의 기본 원칙을 학습한다.

골과 관절 손상은 스포츠 현장에서 비교적 중증도가 높은 상해로 분류되며, 적절한 초기 대응 여부에 따라 예후가 크게 달라진다. 골절이나 탈구와 같은 손상은 외형적으로 뚜렷하게 나타나는 경우도 있지만, 초기에는 단순한 타박이나 염좌로 오인되기도 한다. 이러한 오인은 손상 부위를 악화시키고 회복 기간을 연장시키는 주요 원인이 된다. 따라서 골·관절 손상의 종류와 증상을 정확히 이해하고, 현장에서 적용 가능한 부목 고정과 이동 원칙을 숙지하는 것은 스포츠 안전 관리의 핵심 요소라 할 수 있다.

1. 골절의 종류와 증상

골절은 뼈에 가해진 외부 충격이나 반복적인 스트레스로 인해 뼈의 연속성이 부분적으로 또는 완전히 끊어진 상태를 의미한다. 스포츠 현장에서는 낙상, 충돌, 강한 타격 등에 의해 급성 골절이 발생하는 경우가 많지만, 반복적인 부하로 인해 서서히 진행되는 피로 골절 역시 중요한 골 손상 유형이다.

골절은 발생 형태에 따라 다양한 양상으로 나타난다. 뼈가 완전히 끊어지지 않고 금이 간 상태, 뼈 조각이 어긋난 상태, 피부를 뚫고 뼈가 노출된 상태 등 손상의 정도와 형태는 매우 다양하다. 이러한 차이는 현장 대응과 이후 치료 방향에 중요한 영향을 미친다.

골절의 대표적인 증상으로는 심한 통증, 부종, 변형, 기능 상실이 있다. 손상 부위를 움직이려 할 때 극심한 통증이 나타나거나, 정상적인 관절 움직임이 불가능한 경우 골절을 의심해야 한다. 또한 피부색 변화나 비정상적인 각도, 손상 부위의 단축 등은 골절의 가능성을 높이는 신호이다.

골절의 종류와 증상

구분 기준	골절 유형	정의	주요 증상	현장 관찰 포인트
피부 손상 여부	폐쇄골절 (Closed fracture)	피부 손상 없이 뼈가 골절된 상태	통증, 부종, 압통, 기능 제한	외형상 큰 상처 없어도 심한 통증·부종
	개방골절 (Open fracture)	골절 부위가 피부를 뚫고 외부로 노출	출혈, 감염 위험, 심한 통증	응급도 매우 높음, 즉각적인 의료 연계 필요
골절 형태	횡골절 (Transverse)	뼈 축에 수직으로 골절	국소 통증, 변형	직접 타격에 흔함
	사선골절 (Oblique)	비스듬한 방향으로 골절	통증, 변형, 불안정성	비틀림·미끄러짐 사고
	나선골절 (Spiral)	회전력에 의해 나선형 골절	심한 통증, 변형	발 고정 상태에서 회전 발생 시
	분쇄골절 (Comminuted)	여러 조각으로 부서진 골절	극심한 통증, 부종, 변형	고에너지 외상, 교통사고
골절 정도	불완전 골절 (Incomplete)	뼈 일부만 금이 간 상태	경미한 통증, 압통	소아·청소년에게 흔함
	완전 골절 (Complete)	뼈가 완전히 분리	극심한 통증, 기능 상실	움직임 불가
압박 여부	압박골절 (Compression)	뼈가 눌리며 주저앉은 형태	국소 통증, 체중부하 시 악화	척추에 흔함
특수 형태	피로골절 (Stress fracture)	반복적 미세 손상 누적	점진적 통증, 활동 시 악화	러닝·점프 종목
	박리골절 (Avulsion)	인대·힘줄에 의해 뼈 일부가 떨어짐	움직임 시 통증, 국소 압통	급격한 수축 동작 후 발생
위치 기준	관절내 골절	관절면을 포함한 골절	부종, 관절 운동 제한	예후·후유증 위험 큼
	관절외 골절	관절 외부에서 발생	국소 통증, 변형	비교적 회복 양호

그러나 모든 골절이 즉각적인 변형을 동반하는 것은 아니다. 특히 피로 골절이나 미세 골절의 경우, 초기에는 통증이 경미하여 단순한 근육통으로 오인되기 쉽다. 이러한 경우 통증이 반복적으로 나타나거나 점차 심해지는 양상을 보인다면, 골 손상을 의심하고 활동을 중단하는 것이 중요하다.

2. 탈구

탈구는 관절을 구성하는 뼈가 정상적인 위치에서 벗어난 상태를 의미한다. 이는 관절의 안정성을 유지하는 인대와 관절낭이 손상되었음을 의미하며, 비교적 큰 외력에 의해 발생하는 경우가 많다. 스포츠 현장에서는 충돌, 낙상, 과도한 관절 회전이나 신전 동작에서 탈구가 발생할 수 있다.

탈구가 발생하면 즉각적인 통증과 함께 관절의 형태가 눈에 띄게 변형되며, 해당 부위의 움직임이 거의 불가능해진다. 탈구는 골절과 함께 발생하는 경우도 많아, 외형만으로 두 손상을 명확히 구분하기는 어렵다. 따라서 현장에서는 탈구가 의심되는 모든 경우를 중증 손상으로 간주하고 대응해야 한다.

탈구와 관련하여 가장 중요한 원칙은 현장에서 관절을 원래 위치로 되돌리려 하지 않는 것이다. 비전문가에 의한 무리한 정복 시도는 신경, 혈관, 연부조

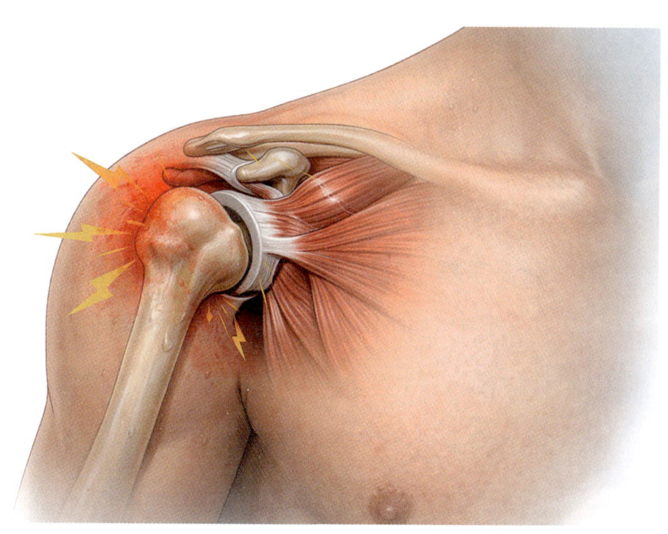

어깨탈구의 증상

직 손상을 심화시킬 수 있으며, 이후 치료를 더욱 어렵게 만들 수 있다. 따라서 탈구가 의심되는 경우에는 관절을 가능한 한 움직이지 않도록 보호하고, 전문 의료진의 평가로 신속히 연계하는 것이 바람직하다.

3. 관절 손상

관절 손상은 골절이나 탈구와 같은 명확한 구조 손상뿐만 아니라, 관절을 구성하는 연골, 관절낭, 주변 조직에 발생하는 다양한 손상을 포함하는 개념이다. 스포츠 활동에서는 반복적인 부하와 충격으로 인해 관절 손상이 발생할 수 있으며, 이는 급성 또는 만성 형태로 나타난다.

관절 손상이 발생하면 통증, 부종, 관절 운동 범위 제한, 불안정감 등이 나타난다. 초기에는 비교적 경미한 증상으로 시작되지만, 충분한 휴식과 관리 없이

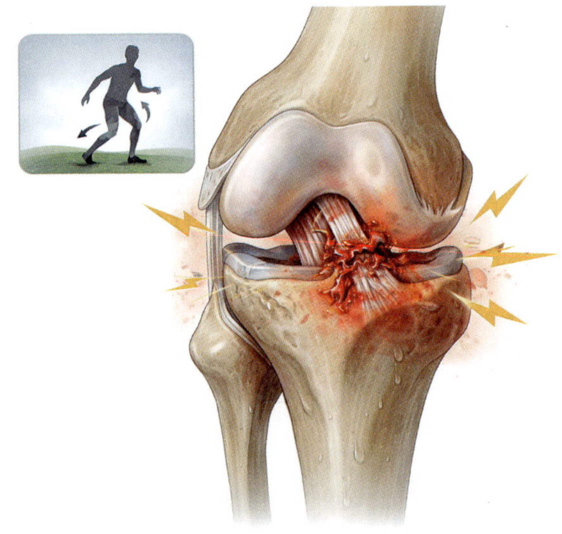

전방십자인대 파열

활동을 지속할 경우 손상은 점차 심화된다. 특히 관절 손상은 한 번 발생하면 재손상 위험이 높아, 장기적인 관리가 요구된다.

관절 손상의 중요한 특징은 손상 부위에 따라 기능적 영향이 크게 다르다는 점이다. 무릎이나 발목과 같은 하중 관절의 손상은 보행과 운동 수행에 직접적인 영향을 미치며, 어깨와 같은 가동성이 큰 관절의 손상은 상지 기능 전반에 영향을 줄 수 있다. 따라서 관절 손상은 단순한 통증 문제를 넘어, 전신 움직임과 스포츠 수행 능력에 영향을 미치는 중요한 상해로 인식되어야 한다.

4. 부목 고정과 이동

골·관절 손상에 대한 현장 응급처치에서 가장 중요한 기술 중 하나는 부목 고정과 안전한 이동이다. 부목 고정의 목적은 손상 부위를 안정화하여 통증을 줄이고, 추가 손상을 예방하는 데 있다.

부목 고정은 손상된 뼈나 관절을 움직이지 않도록 지지하는 방식으로 이루어진다. 이때 중요한 원칙은 손상 부위뿐만 아니라, 그 위와 아래의 관절까지 함께 고정하는 것이다. 이를 통해 손상 부위에 전달되는 움직임과 충격을 최소화할 수 있다.

부목 고정 시에는 과도한 압박을 피해야 하며, 혈액 순환이 방해되지 않는지 지속적으로 관찰해야 한다. 손상 부위의 색깔 변화, 감각 저하, 심한 통증 증가는 부적절한 고정의 신호일 수 있다. 이러한 경우에는 즉시 상태를 재확인하고 조정이 필요하다.

이동 과정 역시 매우 신중하게 이루어져야 한다. 특히 척추나 하지 손상이 의심되는 경우에는 불필요한 이동을 최소화하고, 전문 구조 인력이 도착할 때까

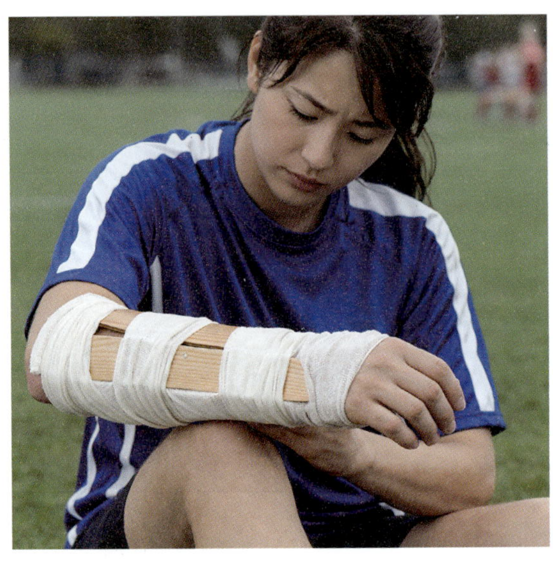

지 안정된 자세를 유지하는 것이 중요하다. 무리한 이동은 손상을 악화시키고, 2차 손상을 유발할 수 있다.

골·관절 손상은 스포츠 현장에서 즉각적인 판단과 절제된 대응이 요구되는 상해 유형이다. 골절, 탈구, 관절 손상의 특성을 이해하고, 부목 고정과 이동의 원칙을 정확히 적용하는 것은 손상 악화를 방지하고 안전한 치료로 이어지는 중요한 연결 고리이다. 다음 장에서는 두부와 척추 손상을 중심으로, 생명과 직결될 수 있는 고위험 손상에 대한 응급처치 원칙을 다루게 된다.

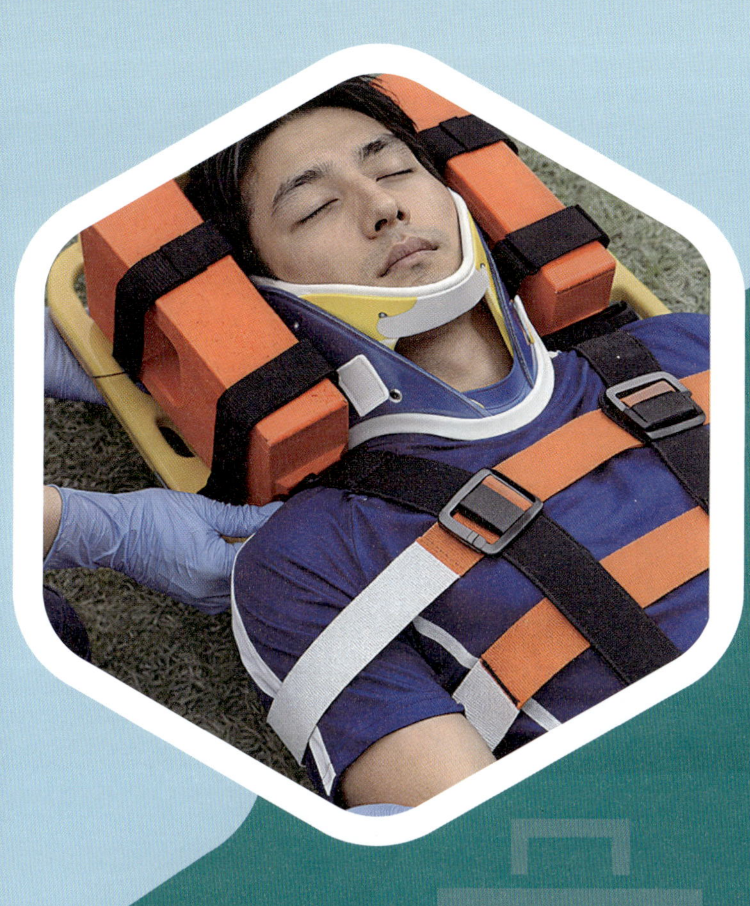

두부·척추 손상

이 장에서는 스포츠 현장에서 발생할 수 있는 뇌진탕,
두부 외상, 경추 손상의 주요 징후를 이해하고, 중대한
후유증을 예방하기 위해 반드시 지켜야 할 움직임 제한
과 현장 대응의 기본 원칙을 살펴본다.

두부와 척추 손상은 스포츠 상해 중에서도 가장 중대한 결과를 초래할 수 있는 손상 유형이다. 외형상 비교적 경미해 보이는 경우라도 내부 손상이 동반될 수 있으며, 초기 대응이 부적절할 경우 영구적인 신경 손상이나 생명 위협으로 이어질 수 있다. 특히 스포츠 현장은 충돌, 낙상, 고속 움직임이 빈번하게 발생하는 환경이므로, 두부·척추 손상에 대한 정확한 인식과 절제된 대응이 무엇보다 중요하다. 이 장에서는 뇌진탕과 두부 외상, 경추 손상이 의심되는 상황의 특징을 살펴보고, 움직임 제한 원칙을 중심으로 한 현장 대응의 핵심을 다룬다.

1. 뇌진탕

뇌진탕은 외부 충격으로 인해 뇌가 일시적으로 기능 장애를 일으킨 상태를 의미한다. 이는 반드시 의식을 잃는 경우에만 발생하는 것이 아니며, 비교적 약한 충격에서도 나타날 수 있다. 스포츠 현장에서는 머리에 직접적인 타격이 가해지거나, 신체의 급격한 회전과 감속으로 인해 뇌가 두개골 내부에서 흔들리면서 뇌진탕이 발생할 수 있다.

뇌진탕의 증상은 매우 다양하며, 즉각적으로 나타나기도 하고 일정 시간이 지난 후에 발현되기도 한다. 대표적인 증상으로는 두통, 어지럼증, 메스꺼움, 시야 흐림, 집중력 저하, 기억 혼란 등이 있다. 특히 사고 전후의 상황을 기억하지 못하는 증상은 뇌진탕을 강하게 시사하는 신호이다.

뇌진탕의 위험성은 외형적 손상이 거의 없다는 점에 있다. 겉으로 보기에 큰 문제가 없어 보이더라도, 뇌 기능은 일시적으로 매우 취약한 상태에 놓여 있을 수 있다. 이러한 상태에서 스포츠 활동을 재개할 경우, 추가 충격으로 인해 증

뇌진탕 · 두부외상 · 경추손상 비교

구분	뇌진탕 (Concussion)	두부외상 (Head Injury)	경추손상 (Cervical Spine Injury)
정의	외부 충격으로 뇌 기능이 일시적으로 장애를 받은 상태	두부에 가해진 외력으로 발생한 모든 형태의 손상	목뼈(경추) 및 주변 신경·연부조직의 손상
손상 범위	뇌 기능 장애 (구조적 손상 없이 기능적 변화)	두피, 두개골, 뇌 포함	경추뼈, 인대, 척수, 신경
주요 발생 원인	충돌, 넘어짐, 머리 흔들림	충돌, 낙상, 공에 맞음, 교통사고	머리·몸의 급격한 굴곡·신전, 충돌
의식 소실	없을 수도 있음 (짧게 나타나기도 함)	있을 수 있음	있을 수도 있고 없을 수도 있음
주요 증상	두통, 어지럼, 집중력 저하, 기억 장애, 메스꺼움	심한 두통, 구토, 의식 변화, 출혈	목 통증, 움직임 제한, 팔다리 저림·마비
외형적 징후	겉으로 정상처럼 보일 수 있음	출혈, 멍, 두개골 변형 가능	외형상 뚜렷하지 않을 수 있음
위험 신호	증상 악화, 반복 구토, 혼돈 지속	의식 저하, 지속적 구토, 경련	감각 소실, 근력 약화, 호흡 이상
현장 판단 핵심	"괜찮아 보여도 의심하면 제외"	생명 위협 여부 즉시 판단	움직이지 않게 하는 것이 최우선
즉각적 대응 원칙	즉시 경기 중단, 안정, 관찰	ABC 확인, 출혈 관리, 구조 요청	머리·목 고정, 절대 이동 금지
금기 사항	즉시 복귀, 방치	의식 없는 상태에서 물 섭취	목을 돌리거나 일으키기
의료 연계 필요성	필수 (특히 첫 발생 시)	대부분 필요	반드시 필요
장기적 위험	반복 시 만성 외상성 뇌병증 위험	뇌 손상, 생명 위협	영구 마비, 생명 위협

상이 악화되거나 더 심각한 뇌 손상으로 이어질 수 있다. 따라서 뇌진탕이 의심되는 경우에는 즉시 활동을 중단하고, 전문적인 평가를 받도록 하는 것이 원칙이다.

2. 두부 외상

두부 외상은 머리에 가해진 외력으로 인해 발생하는 모든 형태의 손상을 포괄하는 개념으로, 뇌진탕보다 더 광범위한 손상을 포함한다. 이는 두피의 열상이나 타박상과 같은 표재성 손상부터, 두개골 골절이나 뇌출혈과 같은 심각한 손상까지 다양한 양상으로 나타난다.

두부 외상의 증상은 손상의 정도에 따라 크게 달라질 수 있다. 의식 소실, 반복적인 구토, 심한 두통, 경련, 의식 수준 저하, 동공 크기의 변화 등은 중증 두부 외상을 의심해야 하는 중요한 신호이다. 이러한 증상이 나타나는 경우, 이는 단순한 스포츠 상해의 범주를 넘어 생명과 직결되는 응급상황으로 간주되어야 한다.

두부 외상 대응에서 중요한 점은 시간 경과에 따른 증상 변화를 주의 깊게 관찰하는 것이다. 초기에는 비교적 안정적으로 보이던 상태가 시간이 지나면서 급격히 악화되는 경우도 적지 않다. 따라서 두부 외상이 의심되는 경우에는 현장에서의 응급처치에 그치지 않고, 반드시 의료기관에서의 정밀 평가로 연계해야 한다.

3. 경추 손상 의심 상황

경추 손상은 척추 손상 중에서도 특히 위험성이 높은 유형으로, 적절히 대응하지 않을 경우 영구적인 신경 손상이나 사망으로 이어질 수 있다. 스포츠 현장에서는 머리부터 떨어지거나, 강한 충돌로 인해 목이 과도하게 굴곡·신전·회전되는 상황에서 경추 손상이 발생할 수 있다.

경추 손상이 의심되는 상황은 명확한 통증이 없는 경우에도 존재한다. 목 통증이나 압통, 상·하지의 저림이나 마비, 움직임 제한, 감각 이상은 경추 손상을 의심해야 할 중요한 신호이다. 또한 사고의 기전 자체가 고위험에 해당하는 경우, 증상이 명확하지 않더라도 경추 손상을 배제해서는 안 된다.

경추 손상 의심 상황에서 가장 위험한 행동은 부상자를 임의로 일으키거나 이동시키는 것이다. 이러한 행동은 손상 부위의 불안정을 악화시켜, 신경 손상을 유발하거나 확대할 수 있다. 따라서 경추 손상이 조금이라도 의심되는 경우에는, 손상이 확정될 때까지 경추 손상으로 간주하고 대응하는 것이 안전 원칙이다.

4. 움직임 제한 원칙

두부·척추 손상 대응의 핵심은 움직임 제한이다. 이는 적극적인 처치보다도, 불필요한 개입을 하지 않는 절제된 대응이 가장 중요하다는 점을 의미한다.

움직임 제한의 기본 원칙은 머리와 목, 척추를 가능한 한 중립 위치로 유지하는 것이다. 부상자의 자세를 무리하게 교정하려 하거나, 통증을 이유로 자세를 바꾸게 하는 것은 위험할 수 있다. 현장에서는 부상자의 머리와 목을 손으로 지지하여 불필요한 움직임을 최소화하고, 전문 구조 인력이 도착할 때까지 안정된 상태를 유지하도록 돕는 것이 중요하다.

또한 움직임 제한은 단순히 부상자에게만 적용되는 원칙이 아니다. 주변 사람들의 접근을 제한하고, 불필요한 접촉이나 질문을 줄이는 것도 포함된다. 현장의 혼란은 부상자의 불안과 움직임을 유발할 수 있으므로, 침착한 환경을 조

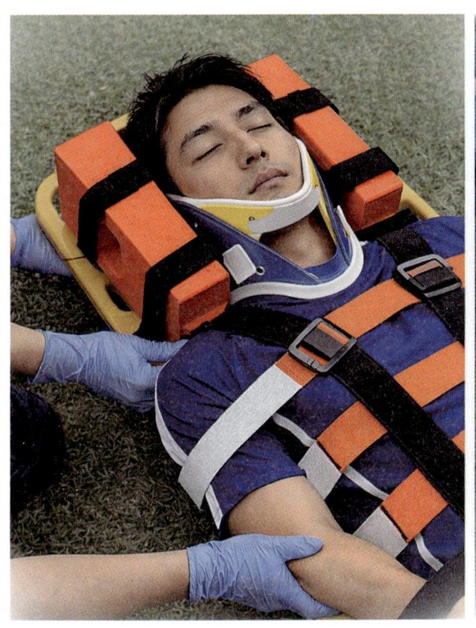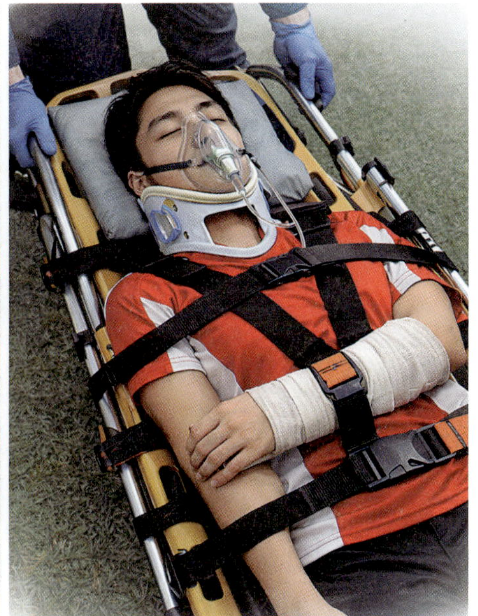

성하는 것이 필요하다.

움직임 제한 원칙은 '아무것도 하지 않는 것'이 아니라, 해야 할 것과 하지 말아야 할 것을 명확히 구분하는 적극적인 대응 전략이다. 두부·척추 손상에서는 빠른 처치보다 안전한 판단이 생명을 지킬 수 있다는 점을 항상 염두에 두어야 한다.

두부·척추 손상은 스포츠 상해 중 가장 신중한 접근이 요구되는 영역이다. 뇌진탕과 두부 외상의 특성을 이해하고, 경추 손상 의심 상황에서 움직임 제한 원칙을 철저히 적용하는 것은 중대한 후유증을 예방하는 핵심 요소이다. 다음 장에서는 출혈과 상처 관리에 초점을 맞추어, 스포츠 현장에서 빈번하게 발생하는 개방성 손상과 그에 대한 응급처치 원칙을 살펴본다.

Note

출혈과 상처 관리

이 장에서는 스포츠 현장에서 자주 발생하는 출혈과 개방성 상처의 특성을 이해하고, 생명을 위협할 수 있는 출혈에 대한 지혈 방법과 상처 감염을 예방하기 위한 기본적인 응급처치 원칙을 살펴본다.

출혈과 상처는 스포츠 현장에서 가장 흔하게 접하는 외상 중 하나이며, 비교적 경미해 보이는 경우에도 적절한 처치가 이루어지지 않으면 심각한 합병증으로 이어질 수 있다. 특히 출혈은 단시간 내에 생명을 위협할 수 있는 요소이며, 개방성 상처는 감염 위험을 동반한다. 따라서 출혈과 상처 관리는 단순한 응급처치 기술을 넘어, 생명 보호와 회복을 위한 기본적인 안전 역량으로 이해되어야 한다. 이 장에서는 출혈의 종류와 특성을 살펴보고, 효과적인 지혈 방법과 개방성 상처의 응급처치, 그리고 감염 예방의 원칙을 체계적으로 다룬다.

1. 출혈의 종류

출혈은 혈관이 손상되어 혈액이 혈관 밖으로 유출되는 상태를 의미하며, 손상된 혈관의 종류와 위치에 따라 다양한 형태로 나타난다. 출혈의 유형을 이해하는 것은 출혈의 위험도를 판단하고, 적절한 대응 방법을 선택하는 데 중요한 기준이 된다.

가장 흔히 관찰되는 것은 외부 출혈이다. 이는 피부가 손상되어 혈액이 몸 밖으로 직접 흘러나오는 경우로, 눈으로 확인이 가능하다. 외부 출혈은 상처의 크기와 깊이에 따라 출혈량이 크게 달라질 수 있으며, 겉으로 보기에는 작아 보이는 상처라도 지속적인 출혈이 이어질 경우 위험한 상태로 발전할 수 있다.

반면 내부 출혈은 피부 표면에 명확한 상처가 없거나 출혈이 외부로 드러나지 않는 상태에서 발생한다. 스포츠 활동 중 강한 충격을 받았을 때 내부 장기나 근육 깊숙한 곳에서 출혈이 발생할 수 있으며, 이는 부종, 통증, 피부색 변화, 어지럼증 등의 간접적인 신호로 나타난다. 내부 출혈은 발견이 늦어지기 쉽고,

내부출혈 vs 외부출혈 비교

구분	내부출혈 (Internal Bleeding)	외부출혈 (External Bleeding)
정의	혈관이 손상되어 혈액이 신체 내부로 출혈되는 상태	피부가 손상되어 혈액이 신체 밖으로 직접 유출되는 상태
출혈 위치	근육, 복강, 흉강, 두개강 등 체내	피부 절개·열상·자상 부위
외형적 관찰	겉으로 출혈이 보이지 않을 수 있음	출혈이 눈으로 직접 확인됨
주요 원인	강한 충격, 장기 손상, 골절	베임, 찔림, 긁힘, 개방성 외상
대표 증상	창백함, 어지럼, 복통, 부종, 통증, 의식 변화	지속적 출혈, 통증, 혈액 유출
진행 특성	서서히 혹은 급격히 악화 가능	즉각적·가시적
위험성	발견이 늦어 생명 위협 가능성 큼	대량 출혈 시 쇼크 위험
현장 판단 포인트	원인 대비 통증·상태 악화, 멍·부종 증가	출혈량·속도·지혈 가능 여부
초기 대응 원칙	안정 유지, 움직임 제한, 즉시 구조 요청	직접 압박 지혈, 거상, 필요 시 구조 요청
금기 사항	복부 압박, 불필요한 이동	오염된 물질로 지혈, 깊은 상처 세척
의료 연계 필요성	반드시 필요	출혈 조절 어려울 경우 필요

중증으로 진행될 가능성이 높아 각별한 주의가 필요하다.

출혈은 혈관의 종류에 따라 특징적인 양상을 보이기도 한다. 작은 혈관 손상에서는 서서히 피가 스며나오는 반면, 큰 혈관이 손상될 경우 짧은 시간 내에 많은 양의 출혈이 발생할 수 있다. 이러한 출혈의 특성을 이해하는 것은 현장에서 위험도를 빠르게 판단하는 데 중요한 단서가 된다.

2. 지혈 방법

지혈은 출혈을 멈추거나 최소화하여 생명을 보호하고 손상 악화를 방지하는 핵심 응급처치이다. 지혈의 기본 원칙은 빠르고 단순하게, 그리고 과도한 조치를 피하면서 이루어져야 한다.

가장 기본적인 지혈 방법은 상처 부위에 직접 압박을 가하는 것이다. 깨끗한 천이나 붕대, 가능하다면 장갑을 착용한 손을 이용하여 상처를 눌러주면 출혈을 효과적으로 줄일 수 있다. 압박은 일정 시간 지속적으로 유지되어야 하며, 중간에 확인을 위해 자주 풀어보는 것은 오히려 지혈을 방해할 수 있다.

출혈 부위를 심장보다 약간 높게 유지하는 것도 지혈에 도움이 된다. 이는 중력에 의해 혈액이 상처 부위로 몰리는 것을 줄여 출혈량을 감소시키는 효과를 가진다. 다만, 이 방법은 골절이나 심각한 관절 손상이 동반된 경우에는 적용에 주의가 필요하다.

지혈 과정에서 중요한 점은 과도한 조치를 피하는 것이다. 출혈을 멈추기 위해 지나치게 강한 압박을 가하거나, 부적절한 방법을 사용할 경우 조직 손상이나 혈류 장애를 유발할 수 있다. 지혈이 어려운 출혈이나 지속적인 대량 출혈이

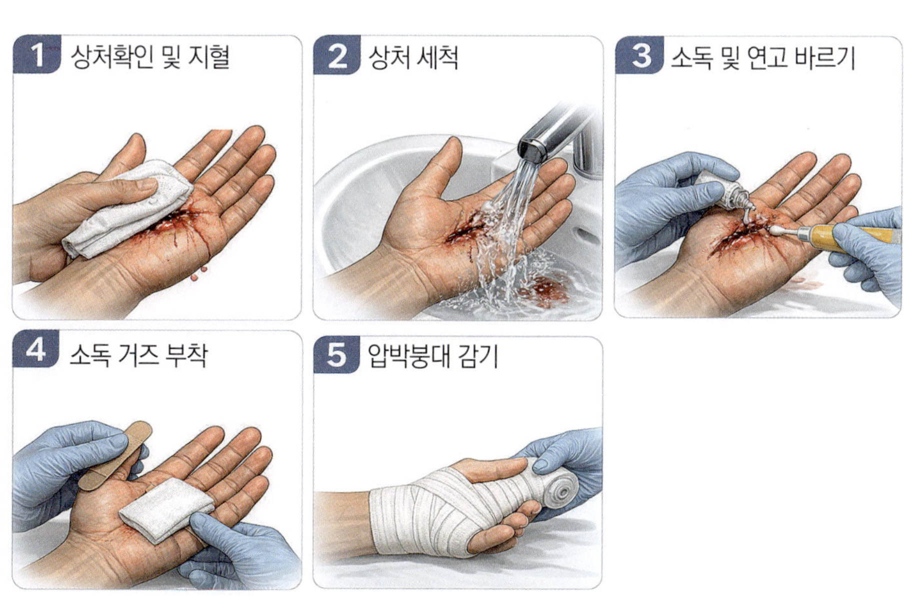

개방성 상처의 응급처치 순서

있는 경우에는 현장 처치에 집착하기보다 신속히 의료 연계로 전환하는 판단
이 필요하다.

3. 개방성 상처 응급처치

개방성 상처는 피부가 손상되어 내부 조직이 외부 환경에 노출된 상태를 의
미한다. 스포츠 현장에서는 넘어지거나 충돌하는 과정에서 찰과상, 열상, 절상
등의 형태로 흔히 발생한다.

개방성 상처의 응급처치에서 가장 중요한 목표는 출혈 조절과 추가 손상 방
지이다. 출혈이 동반된 경우에는 우선 지혈을 시행하고, 상처 부위를 가능한 한
깨끗한 상태로 유지해야 한다. 상처에 묻은 이물질이나 오염 물질은 감염 위험
을 높이므로 주의가 필요하지만, 깊이 박힌 이물질을 무리하게 제거하려 해서

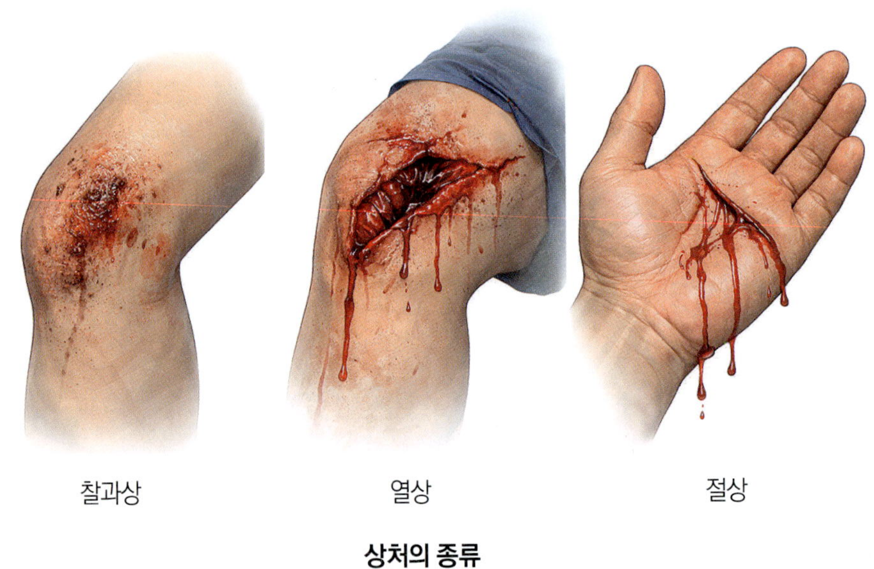

상처의 종류

는 안 된다.

상처 부위를 보호하기 위해 깨끗한 거즈나 천으로 덮어 외부 자극을 차단하는 것이 바람직하다. 이는 상처를 안정시키고, 추가적인 출혈과 오염을 방지하는 역할을 한다. 상처의 크기가 크거나 깊은 경우, 또는 출혈이 지속되는 경우에는 즉각적인 의료 평가가 필요하다.

개방성 상처 응급처치의 중요한 원칙 중 하나는 과도한 처치를 하지 않는 것이다. 현장에서의 역할은 상처를 완전히 치료하는 것이 아니라, 상태를 안정시키고 전문적인 치료로 연결하는 데 있다.

4. 감염 예방

감염 예방은 출혈과 상처 관리에서 반드시 고려해야 할 요소이다. 스포츠 현장은 땀, 먼지, 흙, 장비 접촉 등으로 인해 감염 위험이 높은 환경이기 때문에, 작은 상처라도 관리가 소홀할 경우 염증이나 감염으로 발전할 수 있다.

감염 예방의 기본은 상처를 가능한 한 청결하게 유지하는 것이다. 응급처치자는 상처에 직접 접촉하기 전에 손 위생을 고려해야 하며, 상처를 덮는 재료역시 깨끗한 것을 사용하는 것이 중요하다. 상처를 보호한 이후에는 불필요한 접촉을 최소화하여 외부 오염을 줄여야 한다.

또한 상처 부위의 변화에 대한 관찰도 중요하다. 시간이 지나면서 통증이 심해지거나, 붓기와 열감, 분비물 증가가 나타나는 경우 이는 감염의 신호일 수 있다. 이러한 경우에는 즉시 전문적인 의료 평가를 받도록 안내해야 한다.

감염 예방은 단기적인 응급처치로 끝나는 문제가 아니라, 이후 관리와 연결되는 과정이다. 따라서 스포츠 현장에서의 출혈과 상처 관리는 초기 대응뿐만 아니라, 적절한 후속 조치와 의료 연계를 포함하는 개념으로 이해되어야 한다.

　출혈과 상처 관리는 스포츠 응급처치의 가장 기본적이면서도 중요한 영역이다. 출혈의 종류를 이해하고, 효과적인 지혈과 개방성 상처 응급처치, 감염 예방 원칙을 충실히 적용하는 것은 생명 보호와 안전한 회복을 위한 필수 조건이다. 다음 장에서는 환경과 기후 요인으로 인해 발생하는 특수한 손상을 중심으로, 스포츠 현장에서의 환경 대응 응급처치를 살펴본다.

환경·기후 관련 손상

이 장에서는 스포츠 활동 중 환경과 기후 조건으로 인해 발생할 수 있는 열·한랭 손상과 탈수 문제를 이해하고, 이러한 비외상성 위험을 조기에 인식하여 예방하고 대응하기 위한 기본 원칙과 현장 전략을 살펴본다.

스포츠 활동은 실내뿐만 아니라 다양한 야외 환경에서 이루어지며, 기후와 환경 조건은 신체에 직접적인 영향을 미친다. 고온, 저온, 습도, 바람, 일사량과 같은 환경 요인은 운동 수행 능력에 영향을 줄 뿐만 아니라, 심각한 생리적 손상을 초래할 수 있다. 환경·기후 관련 손상은 외상이 동반되지 않는 경우가 많아 초기 인식이 늦어지기 쉽고, 대응이 지연될 경우 생명 위협으로 급격히 진행될 수 있다. 따라서 이러한 손상에 대한 이해와 현장 대응 능력은 스포츠 응급처치 교육에서 매우 중요한 영역을 차지한다.

1. 열탈진과 열사병

고온 환경에서의 스포츠 활동은 체온 조절 기능에 큰 부담을 준다. 인체는 운동 시 발생하는 열을 땀과 혈액 순환을 통해 외부로 방출하여 체온을 일정하게 유지하려 하지만, 고온·다습한 환경에서는 이러한 조절 기능이 효과적으로 작동하지 못할 수 있다.

열탈진은 체온 조절 능력이 한계에 이르러 발생하는 상태로, 과도한 발한과 혈액량 감소가 주요 원인이다. 열탈진이 발생하면 극심한 피로, 어지럼증, 두통, 메스꺼움, 근육 경련 등의 증상이 나타나며, 의식은 비교적 유지되는 경우가 많다. 이는 신체가 보내는 경고 신호로, 이 단계에서 적절한 조치를 취하지 않으면 더 심각한 상태로 진행될 위험이 있다.

열사병은 체온 조절 기능이 붕괴되어 체온이 위험 수준으로 상승한 상태를 의미하며, 생명을 위협하는 응급상황이다. 열사병에서는 의식 저하, 혼란, 경련, 심한 경우 의식 소실이 나타날 수 있으며, 땀이 나지 않거나 매우 적은 상태

열탈진과 열사병의 비교

구분	열탈진 (Heat Exhaustion)	열사병 (Heat Stroke)
정의	과도한 발한과 수분·전해질 손실로 인해 발생하는 열 관련 질환	체온 조절 기능이 붕괴되어 생명을 위협하는 중증 열 손상
주요 원인	장시간 운동, 고온 환경, 수분·염분 보충 부족	극심한 고온 노출, 고강도 운동 지속, 열탈진의 방치
체온	정상 또는 약간 상승(보통 38~40℃ 미만)	현저히 상승 (보통 40℃ 이상)
의식 상태	비교적 명료하나 어지럼, 피로감 동반	혼란, 의식 저하, 의식 소실 가능
피부 상태	차고 축축함, 창백함, 땀이 많이 남	뜨겁고 건조한 경우가 많으나, 땀이 날 수도 있음
주요 증상	심한 피로, 어지럼증, 두통, 오심·구토, 근육 경련	고체온, 의식 장애, 경련, 행동 이상, 심한 두통
맥박·호흡	빠르지만 비교적 안정적	매우 빠르고 불규칙
위험성	적절한 조치 시 비교적 회복 가능	즉각적인 치료 없으면 사망 위험 높음
응급처치 핵심	시원한 곳 이동, 휴식, 수분·전해질 보충	즉각적인 체온 저하, 119 신고, 의료적 응급 대응
운동 복귀	충분한 회복 후 단계적 복귀	의료진 판단 없이는 복귀 불가

가 관찰되기도 한다. 이는 단순한 탈수나 피로와 구분되어야 하며, 즉각적인 응급 대응과 의료 연계가 필수적이다.

열 관련 손상의 핵심 위험 요소는 환경 조건뿐만 아니라, 수분 섭취 부족, 과도한 훈련 강도, 보호 장비 착용, 개인의 체력 상태 등이 복합적으로 작용한다는 점이다. 따라서 고온 환경에서의 스포츠 활동은 사전 계획과 지속적인 관찰이 반드시 수반되어야 한다.

2. 저체온증

저체온증은 체온이 정상 범위 이하로 떨어져 신체 기능이 저하되는 상태를 의미한다. 이는 주로 저온 환경에서 장시간 활동하거나, 젖은 상태로 바람에 노출될 때 발생한다. 겨울철 야외 스포츠, 수상 스포츠, 고산 환경에서의 활동은 저체온증 발생 위험이 높은 상황이다.

저체온증이 발생하면 초기에는 떨림, 손발 저림, 판단력 저하와 같은 증상이 나타난다. 체온이 더 낮아지면 떨림이 멈추고, 의식 저하, 느린 호흡과 맥박, 심한 경우 의식 소실로 이어질 수 있다. 이러한 상태는 외형적으로 비교적 조용하게 진행되기 때문에, 위험성을 인지하지 못한 채 방치되기 쉽다.

저체온증 대응에서 중요한 점은 급격한 온도 변화나 무리한 조치를 피하는 것이다. 체온이 낮아진 상태에서 갑작스럽게 강한 열을 가하거나 과도한 움직임을 유도할 경우, 심혈관계에 부담을 줄 수 있다. 따라서 저체온증 의심 상황에서는 신체를 보호하고, 체온 손실을 최소화하며, 안정된 환경을 제공하는 것이 기본 원칙이다.

3. 탈수와 전해질 불균형

탈수는 체내 수분이 손실되어 정상적인 생리 기능이 유지되지 않는 상태를 의미하며, 스포츠 활동 중 매우 흔하게 발생한다. 특히 고온 환경에서의 장시간 운동이나, 충분한 수분 보충 없이 반복되는 훈련은 탈수 위험을 크게 증가시킨다.

탈수가 진행되면 갈증, 피로, 어지럼증, 운동 수행 능력 저하가 나타나며, 심한 경우 순환 기능 저하와 의식 변화로 이어질 수 있다. 탈수는 단순히 물의 부족만을 의미하지 않으며, 땀을 통해 손실되는 나트륨과 같은 전해질의 불균형을 동반하는 경우가 많다.

전해질 불균형은 근육 경련, 심장 박동 이상, 신경계 기능 저하를 유발할 수 있다. 이러한 상태는 단순한 휴식만으로 회복되지 않을 수 있으며, 특히 장시간 고강도 운동을 수행하는 스포츠 현장에서 중요한 위험 요인으로 작용한다.

탈수와 전해질 불균형의 문제는 초기 증상이 비교적 경미하게 나타난다는 점이다. 이로 인해 증상이 악화될 때까지 운동이 지속되는 경우가 많으며, 이는 환경·기후 관련 손상의 주요 원인이 된다.

4. 환경 대응 전략

환경·기후 관련 손상을 예방하고 대응하기 위해서는 개인 차원의 노력뿐만 아니라, 조직적이고 체계적인 환경 대응 전략이 필요하다. 이는 사후 대응보다 사전 관리에 초점을 맞추는 접근이다.

우선 스포츠 활동 전에는 기온, 습도, 일사량, 바람 등의 환경 조건을 고려하여 활동 강도와 시간을 조절해야 한다. 고온 환경에서는 휴식 시간을 늘리고, 저온 환경에서는 체온 유지에 필요한 장비와 복장을 준비하는 것이 필수적이다.

현장에서는 참여자의 상태를 지속적으로 관찰하는 체계가 필요하다. 얼굴색 변화, 행동 이상, 집중력 저하와 같은 미세한 신호는 환경 손상의 초기 징후일 수 있다. 이러한 신호를 조기에 인식하고 활동을 중단시키는 판단은 심각한 사고를 예방하는 중요한 결정이다.

또한 환경 대응 전략은 교육과 훈련을 통해 강화되어야 한다. 참여자 스스로 환경 위험을 인식하고, 자신의 상태를 보고할 수 있는 분위기를 조성하는 것이 중요하다. 이는 단순한 개인 책임의 문제가 아니라, 스포츠 현장의 안전 문화와 직결되는 요소이다.

환경·기후 관련 손상은 눈에 보이는 외상 없이도 생명과 건강을 위협할 수 있는 위험 요소이다. 열탈진과 열사병, 저체온증, 탈수와 전해질 불균형의 특성을 이해하고, 환경 대응 전략을 체계적으로 적용하는 것은 스포츠 안전 관리의 필수 조건이다. 다음 장에서는 운동 중 발생할 수 있는 내과적 응급 상황을 중심으로, 외상이 없는 응급상황에 대한 대응 원칙을 살펴본다.

Note

내과적 응급 상황

이 장에서는 외형적 손상이 없는 상태에서도 생명을 위협할 수 있는 내과적 응급 상황을 중심으로, 스포츠 현장에서 자주 발생하는 호흡기·대사·순환계 이상을 이해하고 초기 신호를 인식하여 신속히 대응하는 원칙을 살펴본다.

스포츠 현장에서 발생하는 응급상황은 외상성 손상에 국한되지 않는다. 운동 중 또는 직후에 발생하는 내과적 응급 상황은 외형적 손상이 거의 없거나 전혀 나타나지 않기 때문에, 초기 인식이 늦어질 위험이 크다. 그러나 이러한 상황은 생명과 직접적으로 연결될 수 있으며, 대응이 지연될 경우 심각한 결과로 이어질 수 있다. 이 장에서는 운동 유발성 천식, 저혈당, 실신, 심혈관계 응급 상황을 중심으로 스포츠 현장에서의 주요 내과적 응급 상황과 그 특성을 살펴본다.

1. 운동 유발성 천식

운동 유발성 천식은 운동 중 또는 운동 직후에 기도가 일시적으로 수축하여 호흡 곤란을 유발하는 상태를 의미한다. 이는 반드시 기존에 천식 진단을 받은 사람에게만 발생하는 것은 아니며, 평소 호흡기 증상이 거의 없는 사람에게서도 나타날 수 있다.

운동 유발성 천식의 주요 증상으로는 숨 가쁨, 쌕쌕거리는 호흡음, 가슴 답답함, 기침 등이 있다. 이러한 증상은 대개 운동 중후반이나 운동 직후에 두드러지며, 특히 찬 공기나 건조한 환경에서 발생 가능성이 높다. 증상이 심해질 경우, 정상적인 호흡이 어려워지고 불안과 공포가 동반될 수 있다.

스포츠 현장에서 운동 유발성 천식이 의

심되는 경우, 가장 중요한 대응은 즉시 운동을 중단시키는 것이다. 무리하게 활동을 지속하면 기도 수축이 더욱 심해질 수 있다. 이후 안정된 자세에서 호흡을 돕고, 필요 시 개인이 소지한 흡입기 사용을 지원해야 한다. 증상이 호전되지 않거나 점차 악화되는 경우에는 즉각적인 의료 연계가 필요하다.

운동 유발성 천식 대응에서 중요한 점은 이를 단순한 체력 부족이나 컨디션 문제로 오인하지 않는 것이다. 호흡 곤란은 내과적 응급 상황의 중요한 신호이며, 신속한 인식과 대응이 안전을 좌우한다.

2. 저혈당

저혈당은 혈중 포도당 농도가 정상 범위 이하로 떨어져 신체 기능에 이상이 발생하는 상태를 의미한다. 이는 당뇨병 환자에게서 흔히 발생하지만, 장시간 공복 상태에서의 운동이나 과도한 에너지 소모 후에도 발생할 수 있다.

저혈당의 초기 증상으로는 식은땀, 떨림, 심계항진, 어지럼증, 집중력 저하 등이 나타난다. 이러한 증상은 비교적 빠르게 진행되며, 적절한 대응이 이루어지지 않을 경우 혼란, 의식 저하, 심한 경우 의식 소실로 이어질 수 있다.

스포츠 현장에서 저혈당이 의심되는 경우, 가장 중요한 원칙은 즉각적인 에너지 공급이다. 의식이 있는 상태라면 당분이 포함된 음료나 간단한 음식 섭취를 돕는 것이 효과적이다. 그러나 의식이 저하되었거나 삼킴이 어려운 경우에는 음식이나 음료를 억지로 섭취시키는 것은 위험하며, 즉시 의료 도움을 요청해야 한다.

저혈당은 겉으로 보기에는 단순한 피로나 탈진과 혼동되기 쉽다. 그러나 저혈당은 빠른 시간 내에 악화될 수 있는 내과적 응급 상황이므로, 증상에 대한 민감한 관찰과 신속한 판단이 필요하다.

3. 실신

    실신은 일시적으로 뇌로 가는 혈류가 감소하여 의식을 잃는 상태를 의미한다. 스포츠 현장에서는 탈수, 과도한 운동, 급격한 자세 변화, 저혈당, 심혈관계 이상 등 다양한 원인에 의해 발생할 수 있다.

    실신이 발생하면 갑작스럽게 쓰러지거나, 어지럼증을 호소하며 의식을 잃는 양상이 나타난다. 대개 짧은 시간 내에 의식이 회복되지만, 그 원인에 따라 위험도는 크게 달라진다. 특히 운동 중 또는 운동 직후에 발생한 실신은 단순한 일시적 현상이 아닐 수 있으며, 심각한 내과적 문제의 신호일 가능성을 염두에 두어야 한다.

    실신 대응의 기본 원칙은 부상자를 안전한 자세로 눕히고, 추가 손상을 방지

하는 것이다. 이후 호흡과 의식 상태를 확인하고, 회복 여부를 관찰해야 한다. 실신 후에도 혼란 상태가 지속되거나, 반복적인 실신, 흉통, 호흡 곤란이 동반되는 경우에는 즉각적인 의료 평가가 필요하다.

실신은 비교적 흔하게 발생할 수 있지만, 그 배경에는 다양한 위험 요인이 존재한다. 따라서 스포츠 현장에서는 실신을 가볍게 여기지 않고, 반드시 원인을 확인하려는 태도가 중요하다.

4. 심혈관계 응급 상황

심혈관계 응급 상황은 스포츠 현장에서 가장 치명적인 결과를 초래할 수 있는 내과적 응급 상황이다. 이는 심장 박동 이상, 심정지, 급성 심장 기능 저하 등 다양한 형태로 나타날 수 있으며, 겉으로 건강해 보이는 사람에게서도 갑작스럽게 발생할 수 있다.

심혈관계 응급 상황의 전조 증상으로는 흉통, 가슴 압박감, 호흡 곤란, 심한 피로, 어지럼증, 의식 저하 등이 있다. 이러한 증상은 운동 중 또는 직후에 나타날 수 있으며, 특히 평소와 다른 양상의 불편감을 호소하는 경우 주의 깊게 관찰해야 한다.

이러한 상황이 의심될 경우, 가장 중요한 대응은 즉각적인 활동 중단과 생명 유지 절차의 적용이다. 의식과 호흡을 확인하고, 필요 시 심폐소생술과 자동심장충격기를 준비해야 한다. 동시에 신속한 구조 요청과 의료 연계가 이루어져야 하며, 현장에서의 지연은 생존 가능성을 크게 낮춘다.

심혈관계 응급 상황은 예방이 매우 중요하지만, 완전히 예측하거나 차단하기는 어렵다. 따라서 스포츠 현장에서는 이러한 상황이 발생할 수 있다는 전제를 바탕으로, 응급대응 체계를 항상 준비해 두어야 한다.

내과적 응급 상황은 외상이 없다는 이유로 간과되기 쉽지만, 스포츠 안전 관리에서 결코 소홀히 할 수 없는 영역이다. 운동 유발성 천식, 저혈당, 실신, 심혈관계 응급 상황의 특성을 이해하고, 초기 신호를 인식하며, 적절한 대응과 의료 연계를 수행하는 것은 생명을 보호하는 핵심 역량이다. 다음 장에서는 스포츠 활동 중 발생할 수 있는 기타 특수 외상과 손상을 중심으로, 보다 폭넓은 응급 처치 상황을 다루게 된다.

Note

기타 스포츠 외상

이 장에서는 근골격계 손상 외에도 스포츠 현장에서 발생할 수 있는 눈·치아 손상, 복부와 흉부 외상, 알레르기 및 아나필락시스와 같은 고위험 응급 상황의 특성을 이해하고, 초기 대응과 의료 연계의 핵심 원칙을 살펴본다.

스포츠 현장에서 발생하는 외상은 근골격계 손상에 국한되지 않는다. 특정 상황에서는 눈, 치아, 복부, 흉부와 같이 중요한 기관이 손상되거나, 알레르기 반응과 같은 내과적 위급 상황이 발생할 수 있다. 이러한 외상과 응급상황은 발생 빈도는 상대적으로 낮을 수 있으나, 대응이 지연되거나 부적절할 경우 심각한 기능 장애나 생명 위협으로 이어질 가능성이 크다. 따라서 지도자와 응급대응자는 이러한 기타 스포츠 외상의 특성을 이해하고, 초기 대응 원칙을 숙지할 필요가 있다.

1. 눈·치아 손상

눈과 치아는 스포츠 활동 중 외부 충격에 취약한 부위로, 손상 시 기능적·심리적 영향이 매우 크다. 특히 구기 종목, 격투 종목, 고속 물체가 사용되는 스포츠에서는 눈·치아 손상 위험이 상대적으로 높다.

눈 손상은 직접적인 타격이나 이물질 유입으로 발생할 수 있으며, 통증, 시야 흐림, 출혈, 이물감 등의 증상이

나타난다. 겉으로 보기에 경미해 보이는 경우라도 내부 손상이 동반될 수 있어 각별한 주의가 필요하다. 눈 손상이 의심되는 경우, 눈을 비비거나 압박해서는 안 되며, 가능한 한 움직임을 최소화하고 보호하는 것이 중요하다. 시력 변화나 심한 통증이 동반될 경우에는 즉각적인 의료 평가가 필요하다.

치아 손상은 부딪힘이나 넘어짐으로 인해 치아가 깨지거나 빠지는 형태로 발생한다. 치아 손상은 출혈과 통증을 동반하며, 심리적 충격도 크다. 치아가 완전히 빠진 경우라도 적절한 초기 대응이 이루어지면 재부착이 가능할 수 있으므로, 손상 부위를 보호하고 신속히 치과적 의료기관으로 연계하는 것이 중요하다. 현장에서는 치아를 불필요하게 만지거나 문지르지 않고, 손상 상태를 유지한 채 이동시키는 것이 원칙이다.

2. 복부 외상

복부 외상은 스포츠 활동 중 직접적인 충격이나 낙상으로 인해 발생할 수 있으며, 내부 장기 손상을 동반할 가능성이 높은 위험한 외상 유형이다. 겉으로 드러나는 상처가 없더라도 내부 출혈이나 장기 손상이 진행될 수 있어, 초기 인식과 대응이 매우 중요하다.

복부 외상이 발생하면 복부 통증, 압통, 팽만감, 메스꺼움, 어지럼증 등이 나타날 수 있다. 시간이 지나면서 통증이 심해지거나 전신 증상이 동반되는 경우, 이는 내부 출혈의 신호일 수 있다. 특히 복부를 강하게 맞은 후 통증이 점차 증가하는 양상은 주의 깊게 관찰해야 한다.

복부 외상 대응의 핵심 원칙은 안정 유지와 즉각적인 의료 연계이다. 현장에서 복부를 압박하거나 상태를 확인하기 위해 반복적으로 만지는 행위는 피해야 하며, 부상자를 안정된 자세로 유지한 채 전문적인 평가로 연결하는 것이 가장 안전한 대응이다.

3. 흉부 외상

흉부 외상은 가슴 부위에 가해진 외력으로 인해 발생하는 손상으로, 심장과 폐와 같은 중요한 장기를 포함하고 있어 잠재적 위험성이 매우 크다. 스포츠 현장에서는 강한 충돌, 낙상, 장비와의 부딪힘 등으로 흉부 외상이 발생할 수 있다.

흉부 외상의 증상으로는 가슴 통증, 호흡 곤란, 숨을 쉴 때 악화되는 통증, 기침, 피부색 변화 등이 나타날 수 있다. 이러한 증상은 단순한 타박으로 보일 수 있으나, 내부 장기 손상을 동반한 경우 생명 위협으로 이어질 수 있다.

흉부 외상이 의심되는 경우, 가장 중요한 것은 호흡 상태의 지속적인 관찰이다. 호흡이 불안정하거나 통증으로 인해 깊은 호흡이 어려워지는 경우에는 즉각적인 의료 도움이 필요

하다. 현장에서는 부상자의 움직임을 최소화하고, 편안한 호흡 자세를 유지하
도록 도와야 한다.

4. 알레르기·아나필락시스

알레르기 반응은 특정 물질에 대한 과민 반응으로 발생하며, 스포츠 현장에
서는 음식, 곤충에 의한 자극, 약물, 환경 요인 등에 의해 유발될 수 있다. 대부
분의 알레르기 반응은 비교적 경미하게 나타나지만, 일부 경우에는 아나필락
시스로 진행되어 생명을 위협하는 응급상황이 될 수 있다.

아나필락시스는 전신적인
심각한 알레르기 반응으로, 호
흡 곤란, 입술이나 얼굴의 부
종, 두드러기, 혈압 저하, 의식
변화 등이 급격하게 나타난다.
이러한 증상은 매우 빠른 속도
로 진행되며, 즉각적인 대응이
이루어지지 않으면 치명적인
결과로 이어질 수 있다.

스포츠 현장에서 알레르기·
아나필락시스가 의심되는 경
우, 가장 중요한 것은 신속한
인식과 의료 연계이다. 증상이
빠르게 악화될 가능성이 있으

므로, 지체 없이 구조 요청을 하고 전문적인 치료로 연결해야 한다. 개인이 사전에 처방받은 응급 약물을 소지하고 있는 경우, 이를 사용할 수 있도록 돕는 것도 중요한 대응 요소이다.

기타 스포츠 외상은 발생 빈도만으로 그 중요성을 판단해서는 안 되는 영역이다. 눈·치아 손상, 복부와 흉부 외상, 알레르기와 아나필락시스는 모두 초기 대응이 예후를 크게 좌우하는 고위험 상황이다. 이러한 외상과 응급상황의 특성을 이해하고, 현장에서 할 수 있는 범위 내에서 침착하고 절제된 대응을 수행하는 것은 스포츠 안전 관리의 필수 역량이다. 다음 장에서는 종목별 특성을 반영한 스포츠상해의 양상과 예방 전략을 중심으로 살펴보게 된다.

Note

구기 종목의 스포츠상해

이 장에서는 구기 종목의 경기 특성으로 인해 빈번하
게 발생하는 발목과 무릎 손상, 충돌로 인한 외상을 중심
으로 상해 발생 기전을 이해하고, 종목별 특성을 반영한
효과적인 예방 전략의 핵심을 살펴본다.

구기 종목은 공을 중심으로 빠른 방향 전환, 가속과 감속, 점프와 착지, 그리고 신체 접촉이 반복되는 경기 특성을 지닌다. 이러한 특성은 경기의 역동성과 흥미를 높이는 동시에, 특정 부위에 반복적·급성 부하를 가하여 상해 발생 위험을 증가시킨다. 특히 발목과 무릎과 같은 하중 관절은 빈번한 움직임과 접촉에 노출되어 손상 가능성이 높으며, 충돌에 의한 외상 역시 구기 종목에서 흔히 발생한다. 본 장에서는 구기 종목에서 대표적으로 나타나는 상해 유형과 그 기전을 이해하고, 종목 특성을 반영한 예방 전략의 중요성을 살펴본다.

1. 발목 염좌

발목 염좌는 구기 종목에서 가장 흔하게 발생하는 상해 중 하나로, 급격한 방향 전환이나 착지 과정에서 발목이 정상 가동 범위를 벗어나며 발생한다. 특히 상대 선수의 발 위에 착지하거나, 불안정한 지면에서 움직임을 수행할 때 염좌 위험이 크게 증가한다.

발목 염좌가 발생하면 통증과 부종이 비교적 빠르게 나타나며, 체중 부하 시 불안정감이 동반될 수 있다. 경미한 염좌의 경우 단기간

내에 증상이 완화되기도 하지만, 적절한 관리 없이 경기나 훈련을 지속할 경우 반복 손상으로 이어질 가능성이 높다. 반복적인 발목 염좌는 관절 안정성을 저하시켜 만성 불안정성으로 발전할 수 있으며, 이는 경기력 저하와 장기적인 상해 위험 증가로 연결된다.

구기 종목에서 발목 염좌의 위험성은 단일 손상 자체보다 재발 가능성에 있다. 따라서 초기 손상에 대한 적절한 대응과 충분한 회복 기간 확보가 필수적이며, 발목의 안정성과 균형 감각을 회복시키는 접근이 중요하다.

2. 무릎 손상

무릎은 구기 종목에서 가장 큰 부하를 받는 관절 중 하나로, 달리기, 급정지, 회전, 점프와 착지 동작이 반복되면서 다양한 손상 위험에 노출된다. 특히 방향 전환 시 무릎에 가해지는 회전력은 인대와 연골에 큰 부담을 준다.

무릎 손상은 급성 외상으로 발생하기도 하고, 반복적인 미세 손상이 누적되어 나타나기도 한다. 손상이 발생하면 통증, 부종, 관절 운동 제한, 불안정감 등이 동반되며, 경기 수행 능력에 즉각적인 영향을 미친다. 일부 무릎 손상은 초기 증상이 경미하여 활동을 지속하게 되는 경우가 많지만, 이는 손상을 악화시키고 회복 기간을 크게 연장시킬 수 있다.

구기 종목에서 무릎 손상의 특징은 비접촉 상황에서도 빈번하게 발생한다는 점이다. 이는 기술 수행 과정에서의 신체 정렬, 근력 불균형, 신경근 조절 능력 부족 등이 복합적으로 작용하기 때문이다. 따라서 무릎 손상은 단순한 외부 충격의 결과가 아니라, 움직임 패턴과 훈련 상태 전반을 반영하는 지표로 이해할 필요가 있다.

3. 충돌 손상

충돌 손상은 상대 선수와의 접촉, 넘어짐, 또는 공이나 장비와의 충돌로 인해 발생하는 외상이다. 구기 종목은 경기 특성상 신체 접촉이 빈번하게 발생하며, 이는 타박상부터 골·관절 손상, 두부 손상까지 다양한 형태의 충돌 손상으로 이어질 수 있다.

충돌 손상은 발생 순간의 충격 강도와 방향에 따라 손상 양상이 크게 달라진다. 겉으로 드러나는 외상이 경미해 보이더라도, 내부 손상이 동반될 수 있어 주의가 필요하다. 특히 충돌 후 어지럼증, 통증의 지속, 기능 저하가 나타나는 경우에는 단순한 타박으로 판단해서는 안 된다.

구기 종목에서 충돌 손상의 위험성은 예측이 어렵다는 점에 있다. 따라서 경기 중 충돌이 발생한 경우에는 선수의 상태를 면밀히 관찰하고, 필요 시 즉각적인 휴식과 평가를 제공하는 체계가 중요하다. 이는 단기적인 경기 결과보다 선수의 안전과 장기적인 건강을 우선하는 판단이다.

4. 종목별 예방 전략

　구기 종목의 스포츠상해를 예방하기 위해서는 일반적인 안전 수칙을 넘어, 종목 특성을 반영한 예방 전략이 필요하다. 이는 단순히 보호 장비를 착용하는 차원을 넘어, 훈련 구성과 경기 운영 전반에 걸친 접근을 의미한다.

　첫째, 워밍업과 쿨다운은 필수적인 예방 요소이다. 특히 구기 종목에서는 방향 전환과 점프 동작을 포함한 동적 워밍업이 중요하며, 이는 신경근 조절 능력을 활성화하여 급성 손상 위험을 줄이는 데 기여한다.

　둘째, 근력과 유연성의 균형은 관절 안정성을 확보하는 핵심 요소이다. 발목과 무릎을 중심으로 한 하체 근력 강화와 균형 훈련은 염좌와 인대 손상 예방에 효과적이다. 또한 반복되는 특정 동작으로 인한 불균형을 인식하고 이를 보완하는 훈련 설계가 필요하다.

　셋째, 경기 환경과 규칙에 대한 이해 역시 예방 전략의 일부이다. 경기장 상태, 신발과 보호 장비의 적합성, 규칙 준수 여부는 상해 발생률에 직접적인 영향을 미친다. 지도자는 이러한 요소를 사전에 점검하고 관리할 책임이 있다.

　마지막으로, 예방 전략의 핵심은 선수의 인식 변화이다. 통증이나 불편감을 단순한 참고 견디는 대상으로 인식하지 않고, 신체가 보내는 경고 신호로 받아들이는 문화가 형성되어야 한다. 이는 개인의 안전을 지키는 동시에 팀 전체의 지속 가능한 경기력을 유지하는 기반이 된다.

구기 종목의 스포츠상해는 경기의 특성과 밀접하게 연결되어 있으며, 단일 요인으로 설명되기 어렵다. 발목 염좌와 무릎 손상, 충돌 손상의 기전을 이해하고, 종목별 예방 전략을 체계적으로 적용하는 것은 상해 발생을 줄이고 안전한 스포츠 환경을 조성하는 핵심 요소이다. 다음 장에서는 격투·대인 접촉 종목을 중심으로, 보다 특수한 상해 양상과 대응 전략을 살펴보게 된다.

Note

무도·격투 종목의 스포츠상해

이 장에서는 무도·격투 종목의 특성상 빈번하게 발생하는 타박상과 관절 손상, 낙상과 충격 손상, 뇌진탕 위험의 발생 기전을 이해하고, 보호 장비 활용과 안전 관리 체계를 통해 상해를 예방하는 핵심 원칙을 살펴본다.

무도·격투 종목은 상대와의 직접적인 신체 접촉, 타격과 방어, 던지기와 넘어뜨리기 등 고유한 기술 체계를 기반으로 한다. 이러한 특성은 기술 숙련과 신체 통제를 요구하는 동시에, 상해 발생 위험을 내포한다. 특히 타박상과 관절 손상, 낙상과 충격 손상, 두부에 가해지는 반복적 충격으로 인한 뇌진탕 위험은 무도·격투 종목에서 빈번하게 관찰된다. 따라서 이들 종목에서는 기술 훈련 못지않게 보호 장비의 적절한 사용과 안전 관리 체계가 중요하다.

1. 타박상과 관절 손상

타박상은 무도·격투 종목에서 가장 흔하게 발생하는 상해로, 타격이나 방어 과정에서 상대의 신체 또는 장비와 부딪히며 발생한다. 피부와 근육, 연부 조직에 충격이 가해지면서 통증과 멍, 국소적 부종이 나타나며, 반복될 경우 조직 회복이 지연될 수 있다.

관절 손상은 잡기, 꺾기, 던지기 기술이 포함된 종목에서 특히 빈번하다. 관절에 과도한 힘이 가해지거나 정상 가동 범위를 넘어서는 움직임이 발생할 경우, 인대와 관절낭 손상이 동반될 수 있다. 이러한 손상은 즉각적인 통증과 불안정감을 유발하며, 무리한 훈련 지속 시 만성화될 가능성이 높다.

무도·격투 종목의 관절 손상은 기술 수행의 특성과 밀접하게 연결되어 있다. 상대의 힘을 제어하고 자신의 신체 정렬을 유지하는 능력이 부족할 경우, 손상 위험은 크게 증가한다. 따라서 기술 습득 과정에서는 힘의 크기보다 **통제력과 안전한 해제(탭아웃 등)**에 대한 교육이 강조되어야 한다.

2. 낙상과 충격 손상

낙상과 충격 손상은 던지기, 넘어뜨리기, 회전 동작이 많은 무도·격투 종목에서 필연적으로 발생할 수 있는 위험 요소이다. 바닥으로의 낙상은 신체 여러 부위에 동시에 충격을 전달하며, 특히 어깨, 엉덩이, 척추, 손목에 부담을 준다.

낙상 시 적절한 보호 동작을 수행하지 못하면 충격이 특정 부위에 집중되어 골·관절 손상이나 두부 손상으로 이어질 수 있다. 반대로, 올바른 낙법과 신체 분산 능력은 충격을 전신으로 분산시켜 손상 위험을 현저히 낮춘다.

충격 손상은 단일 사건으로 끝나지 않고, 반복적인 미세 충격이 누적되어 나타나기도 한다. 이러한 누적 손상은 초기에는 경미한 통증으로 인식되지만, 장기적으로는 기능 제한과 경기력 저하를 초래할 수 있다. 따라서 무도·격투 종목에서는 낙법 훈련과 충격 관리가 상해 예방의 핵심 요소로 자리 잡아야 한다.

3. 뇌진탕 위험

무도·격투 종목은 두부에 직접적 또는 간접적인 충격이 반복될 수 있어, 뇌진탕 위험이 상대적으로 높다. 타격 종목에서는 직접적인 두부 타격이, 던지기·그래플링 종목에서는 낙상 과정에서의 간접 충격이 주요 위험 요인으로 작용한다.

뇌진탕은 의식 소실이 없더라도 발생할 수 있으며, 두통, 어지럼증, 집중력 저하, 기억 혼란 등의 증상이 나타날 수 있다. 문제는 이러한 증상이 경기나 훈련 중 일시적인 컨디션 저하로 오인되어 활동이 지속되는 경우가 많다는 점이다. 이는 추가 충격으로 인한 손상 악화를 초래할 수 있다.

무도·격투 종목에서 뇌진탕 관리의 핵심은 즉각적인 인식과 활동 중단이다. 증상이 의심되는 경우에는 훈련이나 시합을 즉시 중단하고, 충분한 평가와 회복 기간을 거쳐야 한다. 이는 단기적인 성과보다 선수의 장기적인 신경학적 건강을 보호하는 선택이다.

4. 보호 장비와 안전 관리

무도·격투 종목의 상해 예방에서 보호 장비와 안전 관리는 필수적인 요소이다. 보호대, 헤드기어, 마우스피스, 도복 및 매트와 같은 장비는 충격을 완화하고 손상 위험을 줄이는 역할을 한다. 그러나 보호 장비는 그 자체로 완전한 안전을 보장하지 않으며, 올바른 사용과 관리가 병행되어야 한다.

보호 장비는 개인의 체형과 종목 특성에 맞게 선택되어야 하며, 마모나 손상이 발생한 경우에는 즉시 교체해야 한다. 또한 장비 착용이 기술 수행을 방

격투기 종목별 보호장비

해하거나 잘못된 자세를 유발하지 않도록, 사용 방법에 대한 교육이 필요하다.

안전 관리는 장비에 국한되지 않는다. 훈련 강도의 단계적 증가, 충분한 휴식과 회복, 파트너 간의 의사소통과 상호 존중은 무도·격투 종목의 안전 문화를 구성하는 핵심 요소이다. 지도자는 기술 숙련도뿐만 아니라, 안전 인식과 책임 있는 행동을 지속적으로 강조해야 한다.

무도·격투 종목의 스포츠상해는 종목의 본질적 특성과 깊이 연관되어 있으며, 완전히 제거하기는 어렵다. 그러나 타박상과 관절 손상, 낙상과 충격 손상, 뇌진탕 위험을 정확히 이해하고, 보호 장비와 체계적인 안전 관리를 적용한다면 상해 발생을 크게 줄일 수 있다. 이는 경기력 향상과 장기적인 선수 보호를 동시에 달성하기 위한 필수 조건이다. 다음 장에서는 수상·동계·익스트림 종목 등 특수 환경에서 발생하는 스포츠상해와 응급처치 원칙을 다루게 된다.

Note

육상·피트니스 종목의 스포츠상해

이 장에서는 육상·피트니스 종목에서 반복적인 훈련으로 인해 발생하기 쉬운 과사용 손상과 피로 골절, 허리·하지 통증의 특성을 이해하고, 훈련 강도 조절과 회복 관리를 중심으로 한 체계적인 상해 예방 전략을 살펴본다.

육상과 피트니스 종목은 비교적 단순한 동작을 반복적으로 수행하는 특성을 지니며, 이러한 반복성은 체력 향상과 기록 개선에 효과적인 동시에 특정 부위에 지속적인 부하를 가한다. 특히 장시간의 반복 훈련과 점진적 강도 증가가 이루어지는 과정에서, 급성 외상보다는 과사용에 의한 만성 손상이 빈번하게 발생한다. 본 장에서는 육상·피트니스 종목에서 대표적으로 나타나는 과사용 손상과 피로 골절, 허리·하지 통증의 특성을 살펴보고, 이를 예방하기 위한 훈련 관리 전략의 중요성을 논의한다.

1. 과사용 손상

과사용 손상은 단일 사건에 의한 급성 손상이 아니라, 반복적인 미세 손상이 누적되어 발생하는 상해를 의미한다. 육상과 피트니스 종목에서는 동일하거나 유사한 동작을 장시간 반복하는 경우가 많아, 과사용 손상 발생 위험이 상대적으로 높다.

과사용 손상의 초기 증상은 비교적 경미하게 나타나는 경우가 많다. 특정 부위의 불편감이나 운동 후 통증이 휴식으로 완화되면, 이를 단순한 피로로 인식하고 훈련을 지속하는 경우가 흔하다. 그러나 이러한 상태가 반복되면 조직의 회복이 충분히 이루어지지 못하고, 염증과 조직 손상이 누적되어 만성 통증으로 발전할 수 있다.

육상·피트니스 종목에서 과사용 손상이 주로 발생하는 부위는 하체와 허리, 그리고 반복적인 사용이 많은 특정 관절과 근육이다. 이러한 손상은 단기간에 경기력 저하를 일으킬 뿐만 아니라, 장기적으로는 운동 지속 자체를 어렵게 만들 수 있다. 따라서 과사용 손상은 단순한 개인의 인내력 문제가 아니라, 훈련 구조와 관리의 문제로 인식되어야 한다.

2. 피로 골절

피로 골절은 반복적인 하중이 뼈에 가해지면서 발생하는 미세 골 손상으로, 육상 종목에서 특히 빈번하게 관찰된다. 이는 한 번의 큰 충격으로 발생하는 골절과 달리, 뼈가 반복적인 스트레스를 견디지 못하고 점진적으로 손상되는 과정에서 나타난다.

피로 골절의 위험성은 초기 증상이 비교적 애매하다는 점에 있다. 초기에는 운동 중이나 운동 후 특정 부위의 통증이 나타나며, 휴식을 취하면 통증이 감소하는 양상을 보인다. 이로 인해 많은 경우 훈련을 계속하게 되며, 손상은 점차 진행된다.

피로 골절이 진행되면 통증은 점점 지속적으로 나타나고, 일상적인 움직임에서도 불편감이 동반될 수 있다. 이 단계에서는 이미 뼈의 구조적 안정성이 저하된 상태로, 추가 손상이 발생할 위험이 크다. 따라서 육상·피트니스 종목에서는 국소적인 뼈 통증을 가볍게 여기지 않고, 조기에 평가하고 훈련을 조절하는 태도가 매우 중요하다.

3. 허리·하지 통증

허리와 하지는 육상·피트니스 종목에서 가장 많은 부하를 받는 부위로, 통증 발생 빈도가 매우 높다. 달리기와 점프 동작은 하지를 통해 지면 반발력을 반복적으로 전달하며, 웨이트 트레이닝은 허리와 골반에 큰 기계적 부담을 준다.

허리 통증은 잘못된 자세, 과도한 중량, 반복적인 굴곡·신전 동작으로 인해 발생할 수 있다. 초기에는 근육성 통증으로 시작되지만, 관리가 부족할 경우 만성 통증이나 기능 제한으로 발전할 수 있다. 하지 통증 역시 특정 근육이나 관절에 집중적으로 발생하며, 움직임 패턴과 훈련 방식에 따라 양상이 달라진다.

허리·하지 통증의 중요한 특징은 개인차가 크다는 점이다. 동일한 훈련을 수행하더라도, 체형, 근력 수준, 유연성, 과거 손상 이력에 따라 통증 발생 여부와 정도가 크게 달라진다. 따라서 통증을 단순히 훈련 강도의 문제로만 보지 않고, 개인의 특성을 반영한 관리가 필요하다.

4. 훈련 관리 전략

육상·피트니스 종목에서 스포츠상해를 예방하기 위한 핵심은 체계적인 훈련 관리 전략이다. 이는 단순히 훈련량을 줄이는 것이 아니라, 부하와 회복의 균형을 설계하는 과정을 의미한다.

첫째, 훈련 강도와 빈도의 점진적 증가가 중요하다. 갑작스러운 훈련량 증가는 신체 적응을 초과하는 부하를 발생시켜 과사용 손상과 피로 골절 위험을 크게 높인다. 따라서 단계적이고 계획적인 훈련 설계가 필수적이다.

둘째, 회복과 휴식은 훈련의 일부로 인식되어야 한다. 충분한 수면과 휴식은 조직 회복을 촉진하고, 미세 손상이 누적되는 것을 방지한다. 회복이 부족한 상태에서의 반복 훈련은 상해 위험을 크게 증가시킨다.

셋째, 움직임의 질에 대한 관리가 중요하다. 올바른 자세와 기술 습득은 불필요한 부하를 줄이고, 특정 부위에 집중되는 스트레스를 분산시킨다. 이는 장기적인 상해 예방과 경기력 향상을 동시에 달성하는 요소이다.

마지막으로, 훈련 관리 전략의 성공은 자기 인식과 소통에 달려 있다. 통증과 피로를 솔직하게 인식하고 공유할 수 있는 환경이 조성될 때, 육상·피트니스

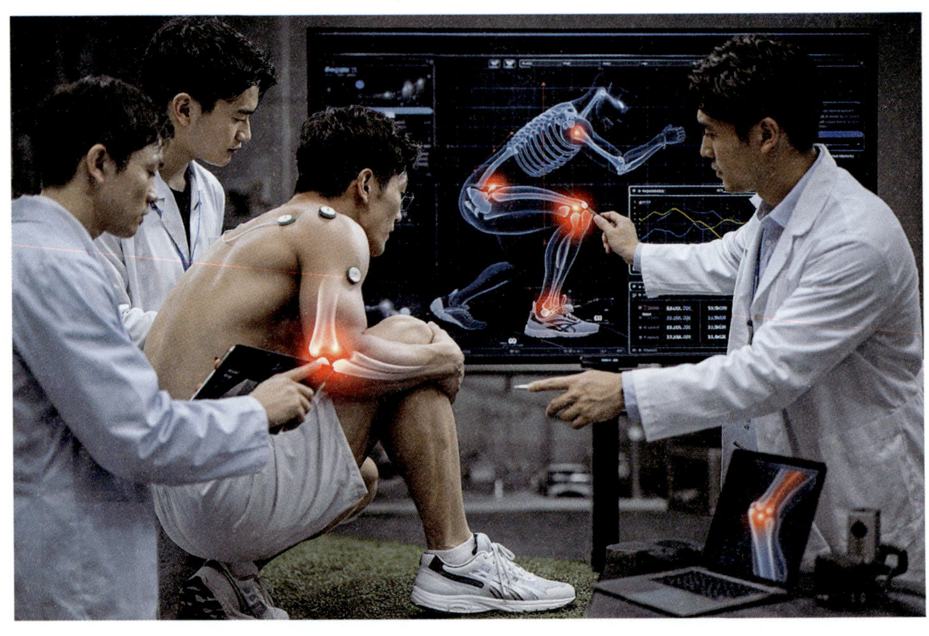

종목은 보다 안전하고 지속 가능한 형태로 운영될 수 있다.

육상·피트니스 종목의 스포츠상해는 반복성과 누적성이라는 특성을 지니며, 단기간의 문제보다 장기적인 관리 관점에서 접근해야 한다. 과사용 손상과 피로 골절, 허리·하지 통증의 기전을 이해하고, 체계적인 훈련 관리 전략을 적용하는 것은 안전한 운동 환경과 지속 가능한 신체 활동을 위한 핵심 조건이다.

Note

회복과 재활의 기초

이 장에서는 스포츠상해 이후 회복과 재활의 중요성을 이해하고, 회복 단계별 특징과 급성기 관리 원칙, 재활의 기본 개념과 통증 관리 전략을 통해 안전한 기능 회복과 재손상 예방을 위한 접근 방법을 살펴본다.

스포츠상해는 손상이 발생한 순간으로 끝나지 않는다. 오히려 상해 이후의 회복과 재활 과정이 선수의 기능 회복과 향후 상해 재발 여부를 결정짓는 핵심 단계라 할 수 있다. 적절한 회복과 재활이 이루어지지 않을 경우, 손상 부위는 충분히 회복되지 못한 채 기능적 취약성을 남기게 되며, 이는 반복 손상과 만성 통증으로 이어질 가능성이 높다. 따라서 회복과 재활은 단순히 통증이 사라질 때까지 기다리는 과정이 아니라, 체계적인 관리와 단계적 접근이 요구되는 적극적인 과정으로 이해되어야 한다.

1. 회복 단계의 이해

상해 후 회복 과정은 시간의 흐름에 따라 몇 가지 단계로 나누어 이해할 수 있다. 이러한 단계적 구분은 회복 상태를 판단하고, 적절한 개입 시점을 결정하는 데 중요한 기준이 된다.

회복 초기에는 손상으로 인한 염증 반응이 두드러지게 나타난다. 이 시기에는 통증과 부종, 기능 제한이 동반되며, 신체는 손상 부위를 보호하려는 반응을 보인다. 이후 염증 반응이 점차 가라앉으면서 조직 회복이 본격적으로 진행되고, 손상된 조직은 점차 안정성을 회복한다. 마지막 단계에서는 기능 회복과 적응이 이루어지며, 일상 활동과 스포츠 동작 수행 능력이 점차 정상 수준으로 돌아온다.

회복 단계를 이해하는 데 있어 중요한 점은, 각 단계가 명확히 구분되는 고정된 시점이 아니라는 것이다. 개인의 체력 상태, 손상 정도, 관리 방식에 따라 회복 속도와 양상은 크게 달라질 수 있다. 따라서 회복 단계는 절대적인 시간 기준이 아니라, 증상과 기능의 변화를 중심으로 판단해야 한다.

2. 급성기 관리 원칙

급성기는 상해 직후부터 초기 염증 반응이 안정되기까지의 시기를 의미하며, 이 시기의 관리 방식은 이후 회복 전반에 큰 영향을 미친다. 급성기 관리의 핵심 목표는 손상 부위를 안정시키고, 추가 손상을 방지하며, 과도한 염증 반응을 조절하는 데 있다.

급성기에는 손상 부위에 대한 무리한 사용을 피하고, 불필요한 움직임을 제한하는 것이 중요하다. 이는 손상 조직이 안정적으로 회복될 수 있는 환경을 조성하는 기본 조건이다. 또한 통증과 부종은 신체가 보내는 경고 신호이므로, 이를 무시하고 활동을 지속하는 것은 회복을 지연시키는 요인이 된다.

급성기 관리에서 주의해야 할 점은 과도한 개입이다. 빠른 회복을 기대하며 무리한 자극이나 조기 운동을 시도할 경우, 손상 부위에 추가적인 스트레스를 가해 회복을 방해할 수 있다. 따라서 급성기에는 '빨리 회복시키는 것'보다 '손상을 안정시키는 것'에 초점을 맞추는 것이 바람직하다.

3. 재활의 기본 개념

재활은 단순히 통증을 줄이는 과정이 아니라, 손상 이전의 기능 수준을 회복하고, 재손상을 예방하기 위한 체계적인 과정이다. 스포츠 재활의 궁극적인 목표는 일상생활 복귀를 넘어, 스포츠 활동을 안전하게 수행할 수 있는 기능적 능력을 회복하는 데 있다.

재활 과정에서는 손상 부위 뿐만 아니라, 신체 전체의 균형과 협응을 함께 고려해야 한다. 특정 부위의 손상은 다른 부위의 움직임 패턴과 근력 사용에 영향을 미치며, 이는 보상 동작을 통해 새로운 손상 위험을 만들어낼 수 있다. 따라서 재활은 국소적인 접근을 넘어, 전신적인 기능 회복을 목표로 해야 한다.

재활의 중요한 원칙 중 하나는 단계적 접근이다. 초기에는 기본적인 움직임과 안정성 회복에 집중하고, 이후 점진적으로 부하와 복잡성을 증가시켜야 한다. 이러한 단계적 접근은 신체가 변화에 적응할 수 있는 시간을 제공하며, 재손상 위험을 줄이는 데 기여한다.

4. 통증 관리

통증은 회복과 재활 과정에서 가장 흔히 나타나는 문제이자, 관리가 필요한 중요한 요소이다. 통증은 손상의 정도를 반영하는 신호이기도 하지만, 회복 과정 전반에 영향을 미치는 심리적·신체적 요인으로 작용한다.

통증 관리는 단순히 통증을 없애는 것을 목표로 해서는 안 된다. 통증을 무시하거나 억제하는 접근은 오히려 손상 부위를 과도하게 사용하게 만들어 회복을 방해할 수 있다. 반대로 통증에 지나치게 민감하게 반응하여 활동을 과도하게 제한하는 것도 기능 회복을 지연시킬 수 있다.

따라서 통증 관리는 통증의 성격과 변화 양상을 이해하고, 이를 기준으로 활동 수준을 조절하는 과정으로 이해되어야 한다. 회복 과정에서 통증이 점진적으로 감소하고, 활동 후에도 빠르게 회복되는 양상을 보인다면 이는 긍정적인 신호로 해석할 수 있다.

통증 관리는 또한 심리적 요소와 밀접하게 연결되어 있다. 통증에 대한 불안과 두려움은 움직임 회피로 이어질 수 있으며, 이는 회복을 지연시키는 요인이 된다. 따라서 회복과 재활 과정에서는 신체적 관리뿐만 아니라, 통증에

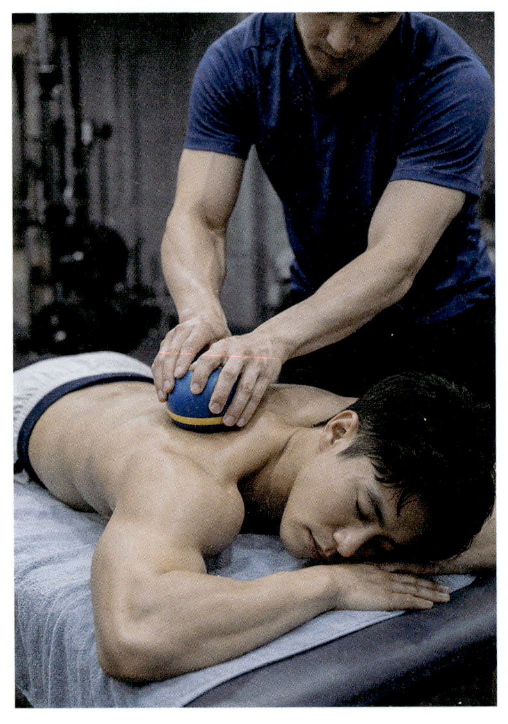

대한 올바른 인식과 자신감 회복이 함께 이루어져야 한다.

회복과 재활은 스포츠상해 관리의 마지막 단계이자, 동시에 다음 활동을 준비하는 출발점이다. 회복 단계를 이해하고, 급성기 관리 원칙을 충실히 적용하며, 재활의 기본 개념과 통증 관리 전략을 체계적으로 실천하는 것은 안전한 스포츠 복귀와 장기적인 건강 유지를 위한 필수 조건이다.

Note

재손상 예방과 경기 복귀

이 장에서는 스포츠상해 이후 재손상을 예방하며 안전하게 경기와 훈련에 복귀하기 위해, 단계적 복귀 과정의 의미와 기능적·심리적 평가의 중요성, 그리고 지속 가능한 복귀를 판단하는 기준을 살펴본다.

스포츠상해 관리의 최종 목표는 단순히 통증이 사라진 상태가 아니라, 재손상 위험을 최소화한 상태에서 안전하게 경기와 훈련에 복귀하는 것이다. 많은 스포츠상해가 완전한 회복 이전에 무리하게 복귀하면서 재발하거나, 더 심각한 손상으로 이어진다. 이는 회복의 실패라기보다, 복귀 과정에 대한 이해와 관리가 부족했기 때문인 경우가 많다. 따라서 경기 복귀는 상해 관리의 마지막 단계이자, 재손상 예방을 위한 가장 중요한 전환점으로 이해되어야 한다.

1. 단계적 복귀(Return to Play)

경기 복귀(Return to Play)는 한 번의 결정으로 이루어지는 사건이 아니라, 단계적으로 진행되는 과정이다. 회복 직후의 신체는 겉으로 보기에는 정상에 가까워 보일 수 있으나, 실제로는 기능적·신경근적 준비가 충분하지 않은 상태인 경우가 많다. 이러한 상태에서 즉각적인 경기 복귀는 재손상 위험을 크게 증가시킨다.

단계적 복귀의 기본 원칙은 활동 강도와 복잡성을 점진적으로 증가시키는 것이다. 초기에는 일상적인 움직임과 기본적인 운동 수행 능력을 확인하고, 이후 종목 특성에 맞는 동작과 기술을 단계적으로 재도입한다. 이 과정에서 중요한 것은 '가능 여부'가 아니라 '안정성'이다. 동작이 가능하더라도 통증, 불안정감, 피로 회복 지연이 나타난다면 다음 단계로의 진행은 재고되어야 한다.

단계적 복귀는 신체적 회복뿐만 아니라, 신체가 경기 환경과 부하에 다시 적응할 수 있는 시간을 제공한다. 이는 재손상 예방의 핵심 요소로, 단기적인 성과보다 장기적인 안전을 우선하는 접근이다.

2. 기능적 평가

기능적 평가는 경기 복귀 여부를 판단하는 데 있어 가장 중요한 기준 중 하나이다. 이는 단순히 통증 유무나 영상 검사 결과에 의존하는 것이 아니라, 실제 움직임과 수행 능력을 종합적으로 평가하는 과정이다.

기능적 평가는 관절의 가동 범위, 근력, 균형 능력, 협응 능력 등 다양한 요소를 포함한다. 특히 스포츠 동작은 단일 관절이나 근육의 기능만으로 이루어지지 않기 때문에, 전신적인 움직임 패턴을 평가하는 것이 중요하다. 특정 부위의 기능이 회복되었더라도, 보상 동작이 남아 있다면 이는 재손상의 위험 요인이 될 수 있다.

기능적 평가의 또 다른 중요한 역할은 객관적 기준을 제공한다는 점이다. 선수 본인이나 지도자는 주관적인 판단에 의해 복귀를 서두르는 경향이 있을 수 있다. 기능적 평가는 이러한 판단에 균형을 제공하며, 감정이나 압박이 아닌 기능과 안전을 중심으로 한 의사결정을 가능하게 한다.

3. 심리적 회복

경기 복귀 과정에서 종종 간과되는 요소가 바로 심리적 회복이다. 신체적으로는 회복된 상태라 하더라도, 상해 경험은 선수에게 두려움과 불안, 자신감 저하를 남길 수 있다. 이러한 심리적 요인은 움직임의 위축이나 과도한 긴장으로 이어져, 오히려 재손상 위험을 높일 수 있다.

심리적 회복은 상해 이전의 자신감을 되찾고, 신체에 대한 신뢰를 회복하는 과정이다. 이는 시간이 필요하며, 단계적 복귀 과정과 밀접하게 연관된다. 낮은 위험의 동작부터 점진적으로 성공 경험을 쌓는 것은 심리적 안정과 자신감 회복에 중요한 역할을 한다.

지도자와 주변 환경의 역할도 매우 중요하다. 경기 복귀를 압박하거나, 상해를 약점으로 인식하게 만드는 분위기는 심리적 회복을 방해한다. 반대로, 회복 과정을 존중하고 단계적 접근을 지지하는 환경은 선수의 심리적 안정과 안전한 복귀를 돕는다.

4. 안전한 복귀 기준

안전한 경기 복귀를 위해서는 명확한 기준이 필요하다. 이러한 기준은 단일 요소로 판단될 수 없으며, 신체적·기능적·심리적 요소가 종합적으로 고려되어야 한다.

우선 통증과 부종이 일상적인 활동과 훈련 후에도 안정적으로 관리되는 상태여야 한다. 또한 기본적인 움직임과 종목 특화 동작을 수행하는 과정에서 불안정감이나 보호 동작이 나타나지 않아야 한다. 이는 신체가 실제 경기 환경의 부하를 감당할 준비가 되었음을 의미한다.

심리적 측면에서도 복귀 기준은 중요하다. 선수 본인이 동작 수행에 대한 두려움을 크게 느끼지 않고, 경기 상황을 긍정적으로 받아들일 수 있는 상태인지 평가해야 한다. 심리적 불안은 신체적 준비가 충분하더라도 복귀를 재고해야 할 신호가 될 수 있다.

안전한 복귀 기준의 핵심은 '가능한가'가 아니라 '지속 가능한가'라는 질문에 있다. 한 번의 경기나 훈련을 소화하는 것이 아니라, 반복되는 훈련과 경기 속에서도 신체와 정신이 안정적으로 유지될 수 있는 상태가 진정한 복귀라 할 수 있다.

재손상 예방과 경기 복귀는 스포츠상해 관리의 마지막 단계이자, 가장 중요한 판단의 순간이다. 단계적 복귀, 기능적 평가, 심리적 회복, 안전한 복귀 기준을 종합적으로 고려할 때, 경기 복귀는 위험이 아닌 다음 성장을 위한 출발점이 될 수 있다.

지도자의 역할과 책임

이 장에서는 스포츠 현장에서 지도자가 수행해야 할 안전 관리자의 역할을 중심으로, 위험 요소의 사전 관리와 응급대응 능력, 보호자·기관과의 소통, 사고 기록과 보고의 중요성을 살펴보며 지도자의 책임이 안전 문화 형성에 어떻게 기여하는지를 다룬다.

스포츠 현장에서 지도자는 기술과 전술을 가르치는 존재인 동시에, 참여자의 안전과 건강을 책임지는 핵심 관리자이다. 스포츠상해와 응급상황은 완전히 제거할 수는 없지만, 지도자의 인식과 준비 수준에 따라 발생 빈도와 피해 규모는 크게 달라질 수 있다. 따라서 지도자의 역할은 단순한 지도 행위를 넘어, 위험 요소를 사전에 관리하고, 응급상황에 적절히 대응하며, 보호자와 기관과의 소통을 통해 사고 이후의 과정을 책임 있게 관리하는 데까지 확장되어야 한다.

1. 위험 요소 사전 관리

지도자의 가장 중요한 책임은 사고가 발생한 이후의 대응이 아니라, 사고가 발생하지 않도록 환경과 과정을 관리하는 것이다. 위험 요소 사전 관리는 스포츠상해 예방의 출발점이며, 이는 훈련 내용과 방식, 환경, 참여자의 상태를 종합적으로 고려하는 과정이다.

훈련 전에는 시설과 장비의 상태를 점검하고, 바닥 상태, 조명, 기후 조건 등 외부 환경 요소를 확인해야 한다. 작은 미끄러짐이나 장비 결함은 중대한 상해로 이어질 수 있기 때문에, 사소해 보이는 요소일수록 철저한 관리가 필요하다. 또한 훈련 강도와 내용이 참여자의 연령, 체력 수준, 경험에 적합한지 지속적으로 점검해야 한다.

위험 요소 관리는 일회성 점검으로 끝나는 것이 아니라, 지속적인 관찰과 조정의 과정이다. 참여자의 피로 누적, 통증 호소, 집중력 저하와 같은 신호는 잠재적 위험의 전조일 수 있으며, 이를 조기에 인식하고 훈련을 조절하는 판단이 요구된다. 지도자의 이러한 판단은 단기적인 훈련 성과보다 참여자의 장기적인 안전과 건강을 우선하는 태도에서 출발해야 한다.

2. 응급대응 능력

아무리 철저한 사전 관리가 이루어지더라도, 스포츠 현장에서는 예기치 못한 사고가 발생할 수 있다. 이러한 상황에서 지도자의 응급대응 능력은 피해를 최소화하는 결정적인 요소가 된다.

응급대응 능력은 단순히 응급처치 기술을 알고 있는 것에 그치지 않는다. 사고 발생 시 현장을 통제하고, 상황을 빠르게 판단하며, 적절한 우선순위를 설정하는 능력이 포함된다. 지도자는 응급상황에서 침착함을 유지하고, 참여자와 주변 사람들에게 명확한 지시를 제공해야 한다.

또한 지도자는 기본적인 생명 유지 절차와 주요 응급처치 원칙을 숙지하고, 실제 상황에서 이를 적용할 수 있어야 한다. 이는 개인의 역량에만 의존해서는 안 되며, 정기적인 교육과 훈련을 통해 유지·강화되어야 한다. 응급대응 능력은 자격 취득으로 끝나는 것이 아니라, 지속적으로 갱신되어야 할 전문성이다.

3. 보호자·기관과의 소통

스포츠상해가 발생했을 때, 지도자의 책임은 현장 대응에서 끝나지 않는다. 사고 이후의 과정에서 보호자와 관련 기관과의 소통은 매우 중요한 역할

을 한다. 이 과정에서의 소통 방식은 신뢰 형성과 갈등 예방에 큰 영향을 미
친다.

보호자와의 소통에서는 사고 발생 경위와 현재 상태를 사실에 근거해 명확
하게 전달하는 것이 중요하다. 불필요한 축소나 과장은 오히려 불신을 초래
할 수 있으며, 상황을 정확히 설명하고 향후 조치 계획을 공유하는 것이 바람
직하다. 이는 지도자의 책임을 회피하기 위한 설명이 아니라, 참여자의 안전
과 회복을 최우선으로 고려한 소통이어야 한다.

기관과의 소통 역시 중요하다. 학교, 체육관, 협회 등 관련 기관과의 협력은
사고 처리와 재발 방지를 위한 제도적 개선으로 이어질 수 있다. 지도자는 개
인 차원의 대응을 넘어, 조직 차원의 안전 관리 체계 구축에 기여하는 역할을
수행해야 한다.

4. 사고 기록과 보고

사고 기록과 보고는 스포츠 현장에서 종종 형식적인 절차로 인식되지만,
실제로는 안전 관리의 핵심 요소이다. 정확한 기록은 사고의 원인을 분석하
고, 유사 사고를 예방하는 데 중요한 자료가 된다.

사고 기록에는 사고 발생 시간과 장소, 상황, 참여자의 상태, 현장 대응 내
용 등이 포함되어야 한다. 이러한 기록은 단순한 책임 소재 판단을 위한 자료
가 아니라, 향후 안전 관리 개선을 위한 근거 자료로 활용되어야 한다.

지도자는 사고 기록과 보고를 부담스러운 행정 업무로 인식하기보다, 전문
적인 안전 관리의 일부로 받아들여야 한다. 투명하고 성실한 기록과 보고는
지도자 개인을 보호하는 역할도 하며, 스포츠 현장 전반의 신뢰도를 높이는

기반이 된다.

　지도자의 역할과 책임은 스포츠 기술 지도에 국한되지 않는다. 위험 요소 사전 관리, 응급대응 능력, 보호자·기관과의 소통, 사고 기록과 보고는 모두 스포츠 안전을 구성하는 핵심 요소이며, 지도자는 이 모든 과정의 중심에 서 있다. 이러한 책임을 인식하고 실천하는 지도자는, 단순한 코치를 넘어 참여자의 건강과 생명을 지키는 전문가라 할 수 있다.

스포츠 안전 교육과 문화

이 장에서는 스포츠 안전을 일회성 대응이 아닌 지속 가능한 문화로 정착시키기 위해 필요한 요소들을 살펴본다. 선수·수련생 안전 교육과 응급처치 훈련, 안전 매뉴얼 구축, 그리고 안전을 우선하는 현장 문화가 어떻게 사고 예방과 효과적인 대응의 기반이 되는지를 이해하게 된다.

스포츠 안전은 개인의 주의나 일회성 교육만으로 확보될 수 있는 영역이 아니다. 안전한 스포츠 환경은 지속적인 교육, 반복 훈련, 명확한 기준, 그리고 이를 자연스럽게 실천하는 문화가 결합될 때 비로소 형성된다. 스포츠 현장에서 발생하는 많은 사고는 기술적 한계보다는 안전에 대한 인식 부족과 준비 부족에서 비롯된다. 따라서 스포츠 안전 교육과 문화는 사고 발생 이후의 대응을 넘어, 사고를 예방하고 위험을 최소화하는 구조적 기반으로 이해되어야 한다.

1. 선수·수련생 안전 교육

선수와 수련생에 대한 안전 교육은 스포츠 안전 관리의 출발점이다. 참여자가 자신의 신체와 환경을 이해하고, 위험 신호를 인식할 수 있을 때 사고 예방은 현실적인 가능성을 갖게 된다.

안전 교육의 핵심은 규칙과 금지 사항을 나열하는 것이 아니라, 왜 안전이 필요한지에 대한 이해를 돕는 것이다. 자신의 신체가 어떤 상황에서 위험에 노출되는지, 통증과 불편감이 어떤 의미를 가지는지 이해할 때, 선수와 수련생은 보다 책임감 있는 행동을 선택하게 된다.

연령과 경험 수준에 따라 교육의 방식과 내용은 달라져야 한다. 어린 선수에게는 기본적인 안전 수칙과 신체 보호의 개념을, 숙련된 선수에게는 자기 관리와 위험 판단 능력을 강조하는 교육이 필요하다. 이러한 단계적 교육은 안전을 외부의 강요가 아닌, 개인의 역량으로 내재화하는 데 기여한다.

2. 응급처치 훈련

응급처치 훈련은 지식을 행동으로 전환하는 과정이다. 응급상황은 예고 없이 발생하며, 실제 상황에서는 긴장과 혼란으로 인해 알고 있던 지식이 제대로 실행되지 않는 경우가 많다. 따라서 응급처치 훈련은 반복적이고 현실적인 방식으로 이루어져야 한다.

효과적인 응급처치 훈련은 단순한 시연이나 이론 설명을 넘어, 실제 상황을 가정한 모의 훈련을 포함한다. 이를 통해 참여자는 자신의 역할과 행동을 명확히 인식하고, 위기 상황에서도 침착하게 대응할 수 있는 경험을 축적하게 된다.

응급처치 훈련은 지도자만의 책임이 아니라, 현장 구성원 전체가 함께 참여해야 하는 과정이다. 선수와 수련생 역시 기본적인 응급 대응 절차를 이해하고 있어야 하며, 이는 사고 발생 시 혼란을 줄이고 대응 속도를 높이는 데 중요한 역할을 한다.

3. 안전 매뉴얼 구축

안전 매뉴얼은 스포츠 현장에서의 안전 원칙과 대응 절차를 명확히 정리한 기준 문서이다. 이는 개별 지도자의 경험이나 판단에 의존하던 안전 관리를 체계화하고, 일관된 대응을 가능하게 한다.

안전 매뉴얼에는 시설과 장비 점검 절차, 훈련 중 위험 요소 관리, 응급상황 발생 시 대응 단계, 의료 연계와 보고 체계 등이 포함되어야 한다. 중요한 점은 매뉴얼이 현장에 맞게 실질적으로 적용 가능해야 한다는 것이다.

지나치게 형식적이거나 현실과 동떨어진 매뉴얼은 실제 상황에서 활용되지 못한다.

또한 안전 매뉴얼은 한 번 만들어진 후 고정되는 문서가 아니라, 지속적으로 보완·개선되어야 하는 살아 있는 기준이다. 사고 사례와 현장 경험을 반영하여 정기적으로 점검하고 업데이트하는 과정이 필요하다.

4. 스포츠 안전 문화 정착

스포츠 안전 문화는 규정이나 교육만으로 형성되지 않는다. 안전 문화란, 안전을 우선시하는 태도와 행동이 현장의 자연스러운 기준으로 자리 잡은 상태를 의미한다.

안전 문화가 정착된 현장에서는 통증이나 이상 신호를 숨기지 않고 공유하는 분위기가 형성된다. 선수와 수련생은 자신의 상태를 솔직하게 표현할 수 있으며, 지도자는 이를 약점이 아닌 책임 있는 행동으로 받아들인다. 이러한 상호 신뢰는 사고 예방과 회복 과정 모두에 긍정적인 영향을 미친다.

지도자의 역할은 안전 문화 정착에서 결정적이다. 지도자가 안전을 강조하고 실제 행동으로 보여줄 때, 그 태도는 자연스럽게 현장 전반으로 확산된다. 반대로 성과를 이유로 안전을 경시하는 태도는 위험한 문화를 고착화시킬 수 있다.

스포츠 안전 문화는 단기간에 완성되지 않는다. 지속적인 교육, 반복 훈련, 명확한 기준, 그리고 일관된 실천이 축적될 때, 안전은 특별한 규칙이 아닌 당연한 일상의 일부로 자리 잡게 된다.

스포츠 안전 교육과 문화는 스포츠상해와 응급처치의 마지막 장이자, 동시에 모든 내용을 관통하는 핵심 주제이다. 선수·수련생 안전 교육, 응급처치 훈련, 안전 매뉴얼 구축, 스포츠 안전 문화 정착은 서로 분리된 요소가 아니라, 하나의 유기적인 체계를 이룬다. 이 체계가 안정적으로 작동할 때, 스포츠 현장은 경쟁의 장을 넘어 사람의 건강과 생명을 존중하는 공간으로 완성될 수 있다.

저자 소개

이기세

체육학박사
경찰학박사
국제대학교 스포츠학부 교수
국제대학교 스포츠학부장
국제대학교 체육진흥센터장

김태형

체육학박사
국제대학교 스포츠학부 교수
스포츠지도전공 주임교수

공선택

체육학석사
국제대학교 스포츠학부 교수
스포츠학부 무도전공 주임교수

노성환

체육학 박사
국제대학교 스포츠학부 교수
전 인하대학교 겸임교수

김은숙

체육학박사 수료
국제대학교 스포츠학부 태권도전공 초빙교수
국기원 이사

고광철

체육학석사
국제대학교 스포츠학부 무도전공 초빙교수
유도부 감독

이용완

경희대학교 체육대학원
글로벌스포츠산업·경영 전공 박사과정
국제대학교 외래교수

윤지원

경희대학교 박사
발리너스 용산 센터장
국제대학교 스포츠학부 외래교수